司马迁

Sima Qian

司马迁

Sima Qian

皮波人物国际名人研究中心 编著

国际文化出版公司

·北京·

图书在版编目（CIP）数据

司马迁/皮波人物国际名人研究中心编著. --北京：国际文化出版公司，2013.12（2024.2重印）
（名人传记丛书）
ISBN 978-7-5125-0494-3

Ⅰ.①司… Ⅱ.①皮… Ⅲ.①司马迁（约前145或前135～）—传记 Ⅳ.①K825.81

中国版本图书馆CIP数据核字（2013）第048427号

司马迁

作　　者	皮波人物国际名人研究中心　编著
责任编辑	潘建农
统筹监制	葛宏峰　刘　毅　刘露芳
策划编辑	周　贺
美术编辑	丁鉷煜
出版发行	国际文化出版公司
经　　销	国文润华文化传媒（北京）有限责任公司
印　　刷	北京一鑫印务有限责任公司
开　　本	700毫米×1000毫米　16开
	9印张　80.5千字
版　　次	2013年12月第1版
	2024年2月第3次印刷
书　　号	ISBN 978-7-5125-0494-3
定　　价	34.00元

国际文化出版公司
北京市朝阳区东土城路乙9号　　邮编：100013
总编室：（010）64270995　　传真：（010）64270995
销售热线：（010）64271187
传真：（010）64271187-800
E-mail：icpc@95777.sina.net

目录

目录

龙门司马氏

公元前 145 年的中国

公元前 145 年，距今约 21 个世纪以前，我国最伟大的史学家司马迁诞生了。当时的我国正是西汉景帝刘启统治时期。

西汉是我国历史上的第二个统一的封建政权，相较于之前的秦王朝，它更为繁华稳定，实力也更强大。高祖刘邦之后的两位皇帝——文帝刘恒和景帝刘启，是汉初治世的开创者，他们统治的这段时期史称“文景之治”。这个治世为西汉储存了强盛的国力，同时使西汉真正成为中央集权的统一国家。这个强大的帝国正等着一位有雄才大略的少年天子，那就是汉武帝刘彻。这一年,刘彻还只是个十二三岁的太子。

司马迁降生在都城长安东北方的龙门（今陕西韩城附近）,他的一生耳闻目睹了整个汉武帝时代的盛况。所谓“秦皇汉武”，汉武帝在我国历史中的地位极为重要，不仅是因为他本人的富有传奇性的一生,也因为西汉是一个承前启后、富有开创精神的时代。它上承春秋战国，甚至黄帝以来的古老文化，下启我国两千多年封建社会的基本制度。司马迁生长在这样的环境里，遍访古圣遗迹及更古社会的种种遗痕，将西汉以前的历史做出整理，并把当代史实尽可能详尽客观地进行叙述，完成了一部震古烁今的巨著——《史记》。

《史记》除了司马迁个人的才华、见识以外，还包含了西汉文化的浪漫色彩，但也隐含着这部巨著背后的血泪和心酸。前面我们已经提到了司马迁登上历史舞台的时间，这个时间告诉我们那是个大时代，它会造就大国臣民的宽阔胸怀和远大眼光。但汉朝皇帝固有的猜忌、刻薄却注定了那个大时代的大天才要面对的危机。这个危机，我们后面会慢慢描述。我们先来看看司马迁出生的地方。

司马迁出生在龙门。滚滚黄河从青海境内的三江源流到陇西，然后在东北方绕个弯儿，形成奇妙的河套地区，再向南流，成为现在陕西和山西两省天然的分界线，然后再转向东，在下太行山之前，有个不容易通过的险地，那就是龙门。相传它是大禹治水时所凿，原来是一座山，叫作龙门山，被一分为二后，分跨黄河两岸。过了这里，两岸山开峰阔，河水豁然奔放，声如雷鸣，河中鱼类都无法游过去，据说游得过去的就是龙，所以世称登上高位或科场得意为“登龙门”，或“鲤跃龙门”。

龙门往南是黄河的支流渭水，渭水与黄河的交会处附近有一关一山，是自古以来极为重要而明显的政治文化分界线，那就是函谷关和西岳华山。

以函谷关为参照，以西的长安、咸阳一带被称为“关西”，而以东的中原地区则称为“关东”。自古以来，关东是已进入农业社会的汉族中原文化的活动区域。这里的中原是与边境相对而言。关西则是以游牧民族为主的戎狄文化活动区域。明、清政治文化中心迁到北京以后，近代所称的“关”，则指山海关。在《战国策》或司马迁的《史记》中，那些专门爱论天下大势的纵横家，分析起局势来都不免会提到这个分界线。

春秋时，诸侯国秦国在关西及巴蜀一带苦心经营。经过几代的努力，秦国不但统一了西边的少数民族，还将势力向东拓展到华山。后来，在与晋国的一次决定性战争中失败，秦国的东进政策受阻，转而专心发展关西地区。一直到战国初期，秦国还采取闭关自守的政策，关东诸国时常把它当成蛮族看待。后来关东地区在丰富的物质基础上，产生了百家学说；关西则在几位卓越君主的领导下，吸收关东文明，独尊法家，励精图治，配合在边地长期培养出来的尚武精神，最后征服了关东诸国而一统天下，并把政治中心设在关中（即今陕西西安、咸阳一带）。这个政治中心风光了一千多年，可谓长盛不衰。

根据现在的行政区划来看，关东主要包括山西、河北、河南、湖北、湖南、山东、江苏、安徽等省；关西则包括陕西、甘肃、四川等省。

据史学家研究，一直到汉代，关西仍然是个特殊地区，文化上与关东截然不同。就人才而言，关东出相，关西出将。同时由于秦始皇的过激政策，关东各国后裔揭竿而起，这使得关西人变成被征服者。因此，这个尚武文化区域虽然出了不少卓越将领，却因偏差的地域观念作祟，没法获得政治上的平等权利。

摊开地图，我们可以发现，司马迁的出生地龙门正好就在关东、关西的交界线上。这是一道门，进可以尽窥关东，退可以据守关西。神奇的造化之神也许是故意将这位旷古奇才从这里推上历史的舞台，这是个看天下事、记天下事的最佳位置！可是，造化安排的这出戏似乎注定是一个悲剧。因为龙门虽然在交界地带，但仍属关西地区，以当时的地域观念而言，他是秦人的后裔。造化赋予他浪漫个性的同时，相伴而生的是命运交响曲中三短一长的不安音符。他注定要卷入一起关西军人世家的案件中，并且为此遭受惨无人道的刑罚。他没有慷慨就死，而是忍辱偷生。这个悲剧是不是不够悲壮呢？不是的，很多时候，死反而是一件最容易不过的事情，活着才是真正需要勇气的。我们从他的巨著《史记》中能够感受到那种悲壮，因为他的求生不是为了个人，而是要重拾史笔，为后世书写，为子孙书写。这难道不是更悲壮的故事吗？

家世渊源

说完了司马迁的出生时间和出生地点，我们该来说说他的家世了。

首先引起我们兴趣的，应该是他的姓氏——司马。我国的姓氏很多，每一个姓氏都有自己的渊源，那是个很复杂的问题。我们只能说，到周朝，由于人口渐多，原有的奴隶制度已经无法适应社会需要，因此姓氏才衍生出来。那时，有以官为姓氏的，也有以封邑为姓氏的，司马就是一个官名，掌管军事。

对于司马这个姓氏的起源，司马迁在《史记》的自序中曾有所叙述，但依然无法给我们十分清晰的印象，他的家族谱系实在很难追究。粗略的叙述应该是，司马迁的一位祖先是个管军事的官，后来到了周朝时成为史官，再后来逐渐分散到各诸侯国，就各行各业都有了。

> 昔在颛顼，命南正重以司天，北正黎以司地。唐虞之际，绍重、黎之后，使复典之，至于夏、商，故重、黎氏世序天地。其在周，程伯休甫其后也。当周宣王时，失其守而为司马氏。司马氏世典周史。

春秋时秦国的司马错是司马迁的一位先人，大约早他180年，是那位一上台就车裂商鞅的秦惠王的手下大将。他曾经和主张连横的张仪，为了攻打韩国还是攻打在今四川成都一带的蜀国，在秦惠王面前展开辩论。张仪认为伐韩可以乘机胁迫邻近的周王室，然后可以挟天子以令诸侯，是推行王业不可避免的一步。司马错则认为“欲富国者务广其地；

欲强兵者务富其民”，而且挟持天子会引起其他诸侯国的反感，正好以此为借口合力抗秦。因此，他主张伐蜀，不但可以从中得到经济利益，还不会引起六国的注意。

这个有远见的论调获得了秦惠王的支持。那时，蜀国正在和今重庆一带的另一个小国巴国相互攻击，于是秦国很容易地将其吞并。司马错可以说是汉族经营四川的第一人，他劝秦惠王伐蜀时曾说“拔一国而天下不以为暴，利尽西海而天下不以为贪”，后来秦国能够兼并六国，他这个富国以强兵的重经济策略还是起到了很大作用的。

司马错以后，我们现在所知道的，就是司马错的孙子司马靳，他是曾在长平之役中坑杀赵国四十万士卒的秦国大将白起的部下，长平之役他也参加了。也许是因为与白起关系密切吧，后来白起高呼“我何罪于天而至此哉”被秦昭王赐死时，司马靳也被一同赐死。

司马靳的孙子叫司马昌，曾在秦始皇的政府中担任主管铁矿事务的官。

司马昌的儿子，也就是司马迁的曾祖父，叫司马无怿，他做过汉市长。所谓“汉市”，有人说是地名。秦汉的县官，治理万户以上的叫“令”，万户以下的叫“长”。这么说来，他应该是个县令。不过还有另外一种说法，说长安城内有四个市，他是这种“市”的市长。不管怎么说，他的官职并不太大。

司马迁的祖父叫司马喜，他似乎没做过什么特别的事，司马迁只说他曾是五大夫。接下来就是司马迁的父亲司马谈。

从整个家族的事迹看起来，司马迁可知的祖先中，除了司马错曾经有过显著的功勋外，其余大都是中下级的官吏。他们是司马氏离开周朝王室以后奔向秦国的一支，世居龙门一带。司马迁的祖先成了秦人以后，似乎一直没有重操他们更老的祖先在周朝王室担任史官的事业，一直到他的父亲司马谈，才又重回史官一途。

其父司马谈

司马家族这位重操远祖旧业的司马谈无疑是真正引导司马迁走向伟人伟业大道的关键人物，同时，他对司马迁的思想也有很大影响。

《史记》中关于司马谈的故事并没有详细的叙述，也许是司马迁不愿在私人事迹方面多费笔墨。因为这样，司马谈的生年无法考证，只知道他死于公元前 110 年，即司马迁 36 岁那年。他在汉武帝建元年间担任太史令，确切年代不知，大概是在汉武帝登基后一两年内，也就是司马迁六七岁的时候。不过，《史记·太史公自序》中录了一篇他写的论文，这篇文章非常有名，也非常有价值，叫《论六家之要旨》。从中我们可以看出司马谈所推崇的思想学说。他把春秋战国以来的学术整理出一套系统，井然有序地对阴阳、儒、墨、名、法、道六家学说做简要而一针见血的总评。他最推崇的是道家学说，而批驳最多的则是儒家学说。他认为各家都有个通病，就是过于褊狭，无法在实际生活中灵活地运用，只有道家“因阴阳之大顺，采儒墨之善，撮名法之要”，而且“与时迁移，应物变化，立俗施事，无所不宜”。换句话说，司马谈认为道家学说最具有综合性、最富于弹性。在他眼中，道家学说就是集儒、名、墨、法、阴阳等各家学说之所长的哲学，他盛赞道家“无为而无不为”，批评儒家“以六艺为法，六艺经传以千万数，累世不能通其学，当年不能究其礼”，因此“博而寡要，劳而少功”。

司马谈的这套思想对司马迁影响很大。《太史公自序》究竟写于哪一年已经不可考，但这篇文章的写作背景我们却可以分析出来。

汉初的君主推崇道家学派中的黄老之治，黄老之治是以黄帝时期的政治清明及崇尚道家思想中的清净俭约作为主要内容的政策方针，反映在汉初的具体政策大纲就是“与民休息”“轻徭薄赋”“清净俭约”。到汉武帝盛年时期，“罢黜百家，独尊儒术”，司马谈正是生活在统治思想大变革的过渡时期，而且，他显然是沉湎于过去的黄老之治的代表。司马迁承袭了他父亲评六家的学风，但是他的见识和评判已远超他父亲。他对孔子以及百家学说的评价中肯而客观，直到两千多年后的今天，人们对百家学说的评价大体还如他的意见一样。

司马迁生活的年代虽然全部在“罢黜百家，独尊儒术”

的汉武帝时代笼罩下，但实际上，汉武帝的尊儒只是做了表面功夫而已，所以司马迁实际上也生活在一种思想转型的空气中，不过是比他父亲更靠近儒家学说而已。

汉代所谓的儒者，老实说，大多并不纯正，他们披着一色的外套，内里却是五花八门，连那位被认为是儒者、曾以极浓厚的儒家色彩作《过秦论》的贾谊，以及始倡“罢黜百家”的大儒董仲舒都难免在儒者的外套下藏有各种各样、令人眼花缭乱的内里。这是过渡时期无法避免的现象，不足为奇。不过，后世却每每为司马迁的思想究竟是“尊儒抑道”还是“夺道抑儒”而争论不休，双方都可以在《史记》中找到一箩筐一箩筐的证据，来证明自己的看法。

《史记》中曾说司马谈向一位叫唐都的方士学过天官，天官用现在的话说，就是研究日月星辰等天文学的人；还说他曾向杨何学《易经》,《易经》是一门具有道家色彩的儒学；又向一位姓黄的先生学习道论，这个人大约就是司马谈道家学说的授业老师。

这样一位对道家学说感兴趣的父亲，却让司马迁接受了儒家教育，因为那是一个从百家争鸣逐渐过渡到提倡儒学的时代，普及儒家教育是一种潮流，也是中央政府的政策，而司马谈在中央政府任职。

生活在这样一个时代，有这样一位父亲的安排调教，司马迁的思想也许无法按后世的标准加以评定。说他是什么家，或是偏重什么家，这个问题永远是仁者见仁，智者见智。最重要的是，他是个史家，他用好奇的眼光观看任何他能看到的事情，而这些就是他思想泉源的一部分。

司马迁的父亲司马谈对他影响很大，但绝不是他的全部。一个成功的史家往往具有敏锐的直觉，然后才会有准确的反应和反响。司马迁是一个时代的代表，他个人的生活体验是极为重要的。所以，我们还是从头说起，先谈谈他的少年时期吧。

儒、道、法

司马迁 10 岁以前，绝大部分时间都是在龙门乡下度过的。那是一段典型的乡下小孩的生活：帮助大人耕田、放牛，和带着泥土香味的伙伴们玩耍嬉戏，当然免不了也要接受家传的基础教育。

这十年，在龙门西南方的都城长安，发生了一系列对这个国家有重大影响的事件。景帝崩，窦太后属意梁王即位，年仅 16 岁的太子刘彻在云谲波诡中登上皇位，一个新的时代即将来临。这时候的司马迁只有五六岁。一个五六岁的小孩根本不知道皇帝是个什么东西，就算知道了，他也万万不会想到，自己长大后，竟然就在皇帝身边做事，而且为这位皇帝做事，还真是“伴君如伴虎”。刘彻是一位大有作为的皇帝，一生传奇，却又充满矛盾。他即位后曾自称平阳侯，微服出巡。好笑的是，他曾被当作小偷，淋了一身尿。他为遏止社会上流行的战国养士之风,果断地杀了关东大侠郭解。为了替祖宗雪耻，他下令集全国之力痛惩匈奴，但却怕死怕得像个没见过世面的小村妇，任一些方术之士玩弄于股掌之间，然后“且战且学仙”。他常叹人才不足，可是又往往因一点小过就滥加杀害。他常常因一时失察而酿成巨大惨案，尔后又很后悔。

司马迁的一生，就是跟这样一位皇帝相始终的。汉武帝登基后建立了中国帝王的第一个年号，叫“建元”。这个名词和“始皇”似乎有些异曲同工之妙。汉武帝和秦始皇嬴政一样，统一四合，万人之上，尤嫌不够，还要在历史纪录上拔得头筹。事实上，根据司马迁的描述，秦皇汉武还真有不少相似之处。

我们知道，秦始皇有一个一直被后人所诟病的行为，就是焚书坑儒。他这一把火烧掉了大量的先代典籍，这给司马迁写《史记》造成了很大不便。尤其是“战国七雄”中其他六个诸侯国的历史,更是被秦始皇一把火烧得干净。所以《史记》中有关秦的事情，记述得最为详尽，可以说秦在司马迁的笔下复活了。同样的，秦的尚武尚法精神也在司马迁有生之年复活了。

说到这里，我们又要谈到统治思想了。一般而言，我国古代社会的统治思想不外乎三种——法家、道家、儒家。这三种思想在司马迁的少年时期发生了激烈的遭遇战。

早在司马迁出生前二三十年的文帝时代，在当时的大商业城市洛阳，出现了一位天才，名叫贾谊。他主张，用礼乐教化树立良好的习惯，摒弃不好的风俗，多分封诸侯以削弱地方权力。这些主张一时受到了统治阶级的青睐，原有的道家统治思想被削弱，儒家学说大有渐渐抬头的迹象。同时人们也忽然发现，汉初所谓的无为而治在某种意义上来说就是一味地因袭秦朝的制度，最明显的就是继承了秦朝遗留下来的法律。秦朝以法家学说为主要统治思想，推崇严刑重法，而汉初与其的差别只在于那些刑罚不常用。没事时，百姓自然过着清静的生活，真有事情发生，惩处也是非常严厉的。原来汉初的道家外表下，还是藏着法家的内里，只是不常亮相而已。

贾谊的主张一出现，马上引起了一些守旧大臣的恐慌，可是他们又提不出具体的办法，也不能从理论上反驳贾谊，只能大骂“洛阳之人，年少初学。专欲擅权，纷乱诸事”，然后给了他一个“洛阳少年”的贬称。这个称号在今天看起来好像还挺好听的，事实上，当时的意思是说贾谊是个在洛阳这种商业大城市中不守规矩的小混混，带有轻视鄙夷的意味。贾谊就这样被那批人隔绝于都城之外，无法亲近皇帝以施展抱负。

这是儒、道、法三种统治思想交战的第一个回合，儒家思想失败了。可是，逐渐庞大的帝国从无为到有为的需要，使得这类冲突不断发生。

到司马迁少年时，统治思想之间的冲突更为激烈，其中有一些有趣的巧合和冲突：

第一，逐渐庞大的帝国必须要有所为才能适应时代的需要。这个时候，汉武帝登基了，他是位雄才大略、求变求新的君主。这是时与人的巧合。

第二，汉武帝好大喜功，登基之初就渴望有所作为。在各家学说之中，那一直隐藏在黄老之治外衣下，不曾发挥出来的法家学说绝对是他认为最合适不过的。可是，秦朝崇尚法家，使人民疲累不堪，终而速亡的前车之鉴摆在眼前，汉朝那些曾受秦暴政蹂躏的百姓的后代子孙自然不会提倡法家之治。这个民意，汉武帝也没有胆量加以违背。这种想要又不敢说，想放弃又舍不得的心情，是汉武帝个人的内心冲突。

第三，姑且不论汉武帝内心的冲突，他贵为一国之尊，想要有所作为时，照理没人可以阻挡他。可是不论什么学说都无法改变的"君臣父子之礼"是他不得不遵守的，他的父亲景帝已崩，但他的祖母窦太后还在。如果窦太后是个不管事的也就罢了，偏偏她是窦氏外戚集团的首脑，诸事都想过问。更令汉武帝烦恼的是，窦太后坚决支持黄老之治。

景帝时，窦太后曾经请教过一个博士。"博士"这一称谓始于战国，是政府中的知识分子，属于顾问性质，不担任实际的职务，但工作内容很复杂，包括卜卦等。窦太后因为喜欢老子的书，有一天召一个博士去问问题。这位博士说："老子的话不过是童仆之言而已！"窦太后闻言大怒，命他"入圈刺豕”。豕就是猪，这里应该是野猪。这有点像罗马人一种惩罚兼娱乐的方式，被惩罚的人在一个围成圆圈的场子里和猛兽搏斗，胜了，算是走运，可以免罪；输了，就让猛兽吃掉。司马迁在《史记·儒林列传》里描写了这个故事：景帝认为这个博士实在没什么罪过，不过是直言冒犯了太后，就命人偷偷给他一把非常锋利的刀，结果他的运气不坏，一刀就刺进野猪心窝，从而免除了罪责。不过从这件事上我们可以看出窦太后对黄老之治的推崇和坚持。在这种情况下，汉武帝实在无法公然忤逆祖母，大刀阔斧地改革。这是人与人的冲突，也是道、儒、法的交锋。

这三个巧合和冲突使得汉武帝的改革十分棘手，我们来看看他是怎么处理的。

汉武帝一上台就下令大臣们负责推荐保举“贤良方正，直言极谏”之士，言明“申韩（法家）苏张（纵横家）之言，乱国政者”不在推荐之列，黄老之治则碍于窦太后，暂时不敢列入禁止范围。结果，董仲舒等儒者被任用了，可是为了顾忌窦太后，只好先把他们安置在地方政府，董仲舒被分派到诸侯国里。我们前面说过，汉武帝心里真正希望推崇的是法家学说，但出于种种考虑不能明目张胆地推行，至此，他对自己内心的冲突已经找到了妥帖的化解办法，那就是用相对温和的儒家学说做幌子。

司马迁在《史记》中记载，汉武帝时，有个诤臣汲黯，他曾批评汉武帝是“内多欲而外施仁义”，这句话可谓一语道破汉武帝尊儒学的真正动机，他想利用高谈王道且重礼制的儒家学说来掩饰他“多欲”的内心，一方面可获得重仁义、行王道的美名，另一方面可以避免天下人对法家学说的排斥，方便行尚武、尚法之实。这句话能够流传下来真要感谢司马迁的秉笔直书，把骂当世天子的话也照实记录下来，否则，后世人要如何知道汉武帝尊儒学的真正目的呢。

建元五年，即公元前 136 年，司马迁十岁的时候，窦太后眼疾严重，体弱力衰，逐渐开始不管事了。于是，汉武帝开始进行他的第二个步骤。他在手下的顾问组织里设置了五经博士，换句话说就是“儒学博士”。不过，顾问组织里本来就有的其他各家各派博士仍然存在。

第二年，窦太后逝，祖孙俩的个人冲突完全解除，汉武帝将顾问组织中其他各家的博士全部予以遣散，这就是有名的“罢黜百家”。从此，儒学成为中央政府正式标榜的正统学说，而博士的职务也加以制度化，成为专门研究历史和政治，能够“通经致用”的学者的代称。他们没有实际政务，但可以参加廷议，开创了学者步入仕途、参与政治的通道。

不管汉武帝内心是怎样的想法，他是不是诚心地尊崇儒家学说，这个制度都是一个建设性的制度。后来在博士之下，设有弟子员 50 人，每年加以考核，通过考核的，就可以委派适当的官职，成绩好的则可以成为郎（天子侍从）。这打开了由读书通往从政的道路，为公平选举人才创造了一条较为合理的通道。

也许就是受到这种划时代的背景的影响，崇尚黄老的司马谈也配合政策环境，让司马迁接受儒家教育。司马迁自己说他 10 岁的时候开始学习古文。古文就是指秦代篆书以前的文字，在当时已经废弃不用。司马迁学习这种文字与这个背景有没有间接关系，不得而知。一般认为，司马迁七八岁时，他的父亲司马谈开始担任太史令，13 岁时他跟着父亲到黄河、渭水一带收集史料。这对司马迁来说应该是史学上的第一次启蒙，他的古文基础和日后考订史料的能力就由此开始。

建元三年，即公元前 138 年，司马迁八岁时，汉武帝派特使张骞出使西域，目的是要联络大月氏，夹击匈奴。这是一个明显的信号，大汉帝国已经准备舒展筋骨了。司马迁马上就要进入一个热闹、令他目不暇接的场面中，他为之兴奋，并对前途充满憧憬。但与此同时，他也在向着他一生中最悲惨的遭遇，一步一步地靠近。

卫氏一族

司马迁十岁前后的几年里，大汉帝国开始朝着一个崭新的方向前进。窦太后死了，再也没有人能够制止汉武帝大刀阔斧的改革。而最令汉武帝不能忍受的，是汉朝开国以来，一直在北方耀武扬威、盛气凌人的匈奴。以“建元”对抗“始皇”的汉武帝尤其没法忍受高祖开国以来的版图比秦始皇时代小了许多。

元光二年，即公元前 133 年，司马迁 13 岁，朝中大臣因为对匈奴是战是和发生激烈的争辩，最后主战派获胜。他们分析了双方的优劣：匈军马匹好、骑术好；汉军则兵器好、行阵严整、善于步战。基于此，主战派决定第一仗采取诱敌深入然后加以歼灭的战术。诱敌聚歼的战场选在了马邑（今山西朔州西北），主战派正在进行积极的部署。

司马迁在《史记·匈奴列传》中描写了这场战役，汉军先派遣一个人假装投降匈奴，引诱匈奴单于领兵来抢夺马邑的财物，30 万汉军就埋伏在附近的山谷里。结果，单于率领 10 万骑兵还没到马邑时，发现一群牲口在郊野上无人看管，遂起疑心，并迅速退回，汉军的计谋就这样落空了。

自此以后，汉、匈的正常关系彻底断绝。匈奴对汉朝有了较高的警觉，于是，汉武帝决定采取主动出击的策略，汉、匈之间交战数十年，各有胜负。司马迁 13 岁以后就耳闻目睹了一场又一场战争的接连发生。司马迁在《史记》中描写战争的手法及遣词用句十分精彩，可以说两千多年来，难有出其右者，或许跟他身处那种环境，听多了也有一点关系吧。

这个时期，汉朝出了不少名将，而且很显然，这些人与高祖时代有很大不同。汉初那些跟随高祖兴起的军人集团，到这时候早已凋零殆尽，目前这些关东军人的后裔大多不会打仗，汉武帝只好倚重素来善战的关西人，即秦人后裔，来推行他的计划。不过，汉武帝仍然秉承高祖以来压抑关西军人的传统，虽然倚重他们执行任务，但掌握军队指挥权的将军一律由外戚担任。

元光六年，即公元前 129 年，司马迁 17 岁时，匈奴入侵上谷、渔阳（今北京西北附近），被汉军击退，汉朝获得对匈奴作战的第一次胜利。这次战役的指挥官就是鼎鼎大名的卫青将军。他是不折不扣的外戚，而且以后世的眼光来看还是很不光彩的外戚。有人说，司马迁似乎一直喜欢揭汉朝君臣的伤疤，尤其是对一些扬扬得意的人，更是不客气。像高祖的流氓作风，以及我们后面要提到的一些宫闱隐私等，司马迁都毫不留情地加以记录，隐约之间，似乎有一种讽刺："这样的人也能统治天下？！"尤其后来，他遭受了汉武帝施加在他身上的惨无人道的刑罚,不少读者都怀疑他是在报复。人有理性，但同时也有情绪，受情绪的影响说几句偏离事实的话也是正常的,所以这种说法也不能说是无稽之谈。不过，目前还没有人能指出司马迁为了报复而做一些纯属捏造的记录的证据，从这个情形来看，他仍是个绝对具有良知的史学家。他揭的疮疤既然都是事实,那也就无所谓报复不报复了。

像这位卫青将军，他发达的时候，司马迁已经是青年人，有关他的种种传说，司马迁必定听了不少，而且一定有办法分辨真伪。

《史记·卫将军骠骑列传》一开头就写到他的出身：

大将军卫青者，平阳（今山西临汾，属关东）人是也。其父郑季，为吏，给事平阳侯家，与侯妾卫媪通，生青。

原来，卫青是他父亲郑季与平阳侯家中一个姓卫的仆妾私通而生的私生子。他的母亲姓卫，这究竟是她的本姓，还是她丈夫的姓，司马迁没有说明，只说这个卫媪一共生了五个孩子，有的姓卫，有的姓郑。后来五个孩子里出了一个皇后卫子夫，其他的孩子也就都说自己姓卫了，其中当然包括卫青。卫子夫的姐姐卫孺后来也与一位姓霍的管事私通，他们的儿子就是霍去病。所以算起来，霍去病是卫青的外甥，而且两人都是私生子。霍去病有个同父异母的兄弟，那也是个大富大贵之人，他就是汉武帝驾崩后，遗诏辅佐汉昭帝的大将军霍光。

这一家人两代私通，却出了一批贵人，影响汉朝军政六七十年之久。他们富贵的关键是什么呢？有能力，有才华吗？这固然是一个方面，但这一家人富贵的契机却是卫子夫当上皇后这件事。当时有歌谣曰：“生男无喜，生女无怒，独不见卫子夫霸天下。”关于这件事的来龙去脉，司马迁也有详细的叙述。

卫子夫被立为皇后，是因为得到了一位贵人的相助，那就是汉武帝的姐姐平阳公主。而平阳公主之所以和卫子夫牵扯在一起，又要提到汉武帝的姑妈馆陶公主刘嫖和她的女儿——汉武帝的第一任皇后陈阿娇，讲到馆陶公主刘嫖则又牵连到汉武帝当年成为太子的经过。我们先来看汉武帝是如何成为太子的。这一段宫闱隐私，司马迁调查的结果是怎样的呢？有没有故意要让汉武帝和卫、霍二将军难堪呢？

汉武帝的母亲叫王娡，她共有兄弟姐妹五人，其中一个兄弟和一个妹妹和她一样姓王，另外两个弟弟是她母亲改嫁后所生，分别叫田蚡和田胜。王娡在入宫之前，曾嫁到金姓人家，并生有一女。后来算命先生告诉王娡母亲，她这个女儿将来贵不可言。王娡母亲便不顾金家的反对，将女儿接了回来，然后送入宫中。这个毁过婚、生过小孩的女人竟然果真如算命先生所言，获得了景帝的宠爱，生下三女一男，这个男孩叫刘彘，后来改名刘彻，就是汉武帝。不过这时他还不是太子，景帝共有 13 个儿子，他排行第九，王娡也不是皇后。命运似乎并没有那么眷顾这对母子，不过命运给了他们一个机会。这个机会就是汉武帝的姑妈，即景帝的姐姐，馆陶公主刘嫖。景帝非常听他这位姐姐的话，而刘嫖最会为景帝介绍美女，并且每每都能合景帝心意。

当时的太子叫刘荣，其母是栗姬。她对馆陶公主老是给景帝介绍美女感到很不满。馆陶公主是个很会打算的女人，她不但巴结景帝，还想把自己的女儿嫁给太子，栗姬当然不肯。馆陶公主就把目光转向受宠的王娡，王娡一口答应，于是还是刘彘的汉武帝就和馆陶公主的女儿陈阿娇定了亲，这期间还有大家耳熟能详的“金屋藏娇”的故事。从此，馆陶公主使出浑身解数，一有机会就在景帝面前说栗姬的坏话，尽量赞扬自己的女婿刘彘，结果很有效地使景帝讨厌栗姬和太子刘荣，最后刘荣被废为临江王，刘彘改名为刘彻，立为太子。等到刘彻即位成为汉武帝时，馆陶公主就称心如意地做了皇帝的丈母娘。

可惜，馆陶公主的女儿陈皇后的肚子不争气，一直没有怀孕的消息。这个时候，汉武帝的姐姐平阳公主如同馆陶公主当年做的那样，不断给弟弟介绍美女。她在府中养了十数名美女，每当汉武帝到她家时，就让那些养“兵”千日，用在一朝的美女出来侍奉汉武帝。结果汉武帝看上了一个并不十分出众的歌女，并在平阳公主府临幸了她。于是，平阳公主把这位歌女送进了宫，临走时，还抚着她的背说：“即贵，毋相忘。”这位歌女就是卫青的同母姐姐卫子夫。

后来，卫子夫得到汉武帝的宠爱，陈皇后十分生气。善妒、无子，陈皇后终于在一次触怒汉武帝后被幽禁长门宫，千金难买的相如赋也没有能够帮助她挽回汉武帝的心。汉武帝元朔元年，即公元前 128 年，卫子夫生刘据，被立为皇后。同年，卫青率三万骑出雁门，击匈奴，斩匈奴数千人。

司马迁在《史记》中记录这些汉武帝和卫、霍二位将军有关的事情，似乎是有点故意揭疮疤的意思。可是，就算是故意揭疮疤，也得当事人认为那是疮疤才行。

先说汉武帝，他如果对自己母亲和外祖母的出身耿耿于怀的话，大可以在登基之后把促成这件事和与这件事有关的人都处置了。但事实上，他不但没有掩藏这些人，反而对他们一个个封侯封君。这件事的总导演、汉武帝的外祖母被封为平原君；王娡同父同母的兄弟王信被封为盖侯；她的同母异父弟弟田蚡被封为武安侯，并在建元六年（前 135 年）当上了丞相；另外一个同母异父弟弟田胜也被封为周阳侯；最不可思议的是，据说，汉武帝还把他母亲与第一任丈夫所生的金姓女儿接到宫里团圆，并封她为修武君。

这一连串的封赏应该很明白地告诉我们，汉武帝并不在乎这些。那么卫青和霍去病呢？卫青的故事还没有结束，卫青长大成人后，就在卫子夫原来的主人——平阳侯家里当骑兵。他服侍的不是别人，正是卫子夫的大恩人平阳公主，后来平阳侯死了，在汉武帝的主持、左右的提议下，平阳公主索性就嫁给了已经是大将军的卫青。本来卫子夫嫁给汉武帝，按照辈分，卫青应该叫汉武帝为姐夫。结果，汉武帝的姐姐反过来嫁给卫青，卫青倒成了汉武帝的姐夫了。这些关系绝对不能深究，否则再明白的人恐怕也会被绕晕的。

由此可见，当时的社会风尚与后世有所不同，女子改嫁或者悔婚并不是什么了不得的事，私生子也没什么见不得人的。一个歌女可以飞上枝头做凤凰，成为皇后，堂堂公主也可以下嫁给家仆的私生子。不论同母异父，还是同父异母，在地位上没什么差别。同为私生子的霍去病后来在战场得意之后，得知自己的父亲是谁，也赶快接来奉养，并且还把同父异母的弟弟霍光带到长安加以栽培，这也是一例。

这么说来，司马迁故意揭疮疤，使汉武帝、卫、霍诸人难堪的说法，就站不住脚了。当事人根本不认为那是疮疤，记录下来只不过是司马迁身为史家的本分。

元朔二年，即公元前 127 年，司马迁 19 岁。匈奴冒顿单于率军南下，烧杀抢掠，汉武帝命卫青率军予以反击，卫青斩匈奴数千，收复了河南地。所谓河南地，指的是河套地区。这个地方一直是汉匈之间的必争之地，同时也是两者实力强弱的测量计，得此地者则强，失此地者则弱。河南地的收复标志着六七十年来汉弱匈奴强的形势已经得到了扭转。

19 岁的司马迁感受到了国家兴盛而生机勃勃的气氛。他的学习生涯在这一年前后也有所提升。有史料研究称，司马迁 19 岁以前一直在家乡读书，20 岁开始游历各地。这一时期，司马迁结识了著名的游侠郭解，并搬到了都城长安居住。长安的学术风气对司马迁有很大影响，因为父亲司马谈的关系，他还结识了当世的大儒孔安国和董仲舒。孔安国是孔子的嫡系子孙，是个古文经学家，他家中藏有一些古文经书，据说是孔家祖上传下来的。与孔安国的交往对于司马迁儒学思想的发展无疑起到了十分关键的作用。董仲舒与孔安国相对，是一位今文经学家，尤其精于《春秋》等史学典籍。据司马迁自己说，他创作《史记》的精神和义法就是获得了董仲舒的启示。《史记·太史公自序》“余闻董生曰”中的董生，就是董仲舒。司马迁以后辈自居，对他相当尊敬。

壮游东南

开始游历

19 岁以前的司马迁尝到了国家对外作战初获胜利的兴奋和喜悦，也有机会向当世的鸿儒学习讨教。在这种外部环境的熏陶和培养下，成年的司马迁已经拥有了大国臣民的胸怀。这时的他纯粹是个盛世骄子，个性浪漫，这使得他对祖国的大好山河深为向往。

20 岁时，司马迁展开了一次走遍半个中国的游历旅程。这次壮游的动机我们不清楚，他是单独一个人，还是成群结队，也没有记录可查。但有一点却是可以肯定的，那就是这次游历对他日后完成《史记》有相当大的帮助，这个问题后面我们会说到。还有史学家称，司马迁的这次壮游是奉了他父亲的指示，到东、南各地搜集史料。

关于这次游历的经过，《史记 · 太史公自序》中只用了 51 个字来描写，《汉书 · 司马迁传》中则更少，只有 49 个字的简单叙述。不过，《史记》的其他卷帙里，常会提到这次游历的所见所闻，我们重新加以归纳整理，大概可以连成一系列的画面，同时也可以看到一些司马迁的思想痕迹。

二十而南游江、淮，上会稽，探禹穴，窥九嶷，浮于沅、湘；北涉汶、泗，讲业齐、鲁之都，观孔子之遗风，乡射邹、峄；厄困鄱、薛、彭城，过梁、楚以归。

那些51个字或49个字的叙述，只记述了司马迁游历的路线，大体是从长安到东南江淮、浙江一带，而后到湖南，再到山东，最后经河南回到陕西。

先说说司马迁游历的第一站——江淮，是今江苏省和安徽省北部一带。司马迁来到淮阴侯韩信的故乡，其故城在今江苏淮阴区南。司马迁在那里访问了当地人，向他们询问韩信早年贫困时的情况。《史记·淮阴侯列传》的素材大约在这次旅行中采集到不少。司马迁到淮阴时,淮阴人曾告诉他，早年韩信还是个贫民时，就很与众不同，他母亲死的时候，他穷得没法安葬母亲，借到一些钱之后，韩信把母亲的坟墓筑得高高的，且占地面积很大，大到墓旁足够建造供很多人家住的房子。司马迁听了这件事，特地去参观韩信母亲的墓地，果然如众人所说，十分雄伟庞大，于是他写道:“余视其母冢，良然！”

司马迁一向同情悲情式的英雄，在这篇列传里，以萧何追赶韩信并向刘邦大力推荐他为开头，突出了韩信个人的才华和在当时的地位，然后描写了几次战役，很生动地显现出韩信的军事天才，后来用“狡兔死，走狗烹”一类的谚语指出了韩信最后悲惨的下场。末了，“太史公曰”中又很同情而无可奈何地说，假如韩信学学老庄之道，不要说自己功劳大，不要夸自己才能高，那么他对汉朝的功劳几乎可以比得上周公、召公、太公那些人了，他一定会受到后世的供奉。

这篇列传的结尾司马迁写了这样一句话：“而天下已集，乃谋叛逆，夷灭宗族，不亦宜乎？”这句话究竟是什么意思，曾引起很多争论。其中有一种解释，说这句话的意思是：“既然天下已经要一统了，韩信为什么还要在这种不是造反的时候造反呢？他造反失败后被诛灭三族，这又岂是有心肝的人做得出来的？”一方面是说韩信不该造反，一方面暗指高祖和吕后心肠狠毒，对这样一位开国功臣竟然施以如此残酷的刑罚。

还有一种说法好像也有些道理，说“天下已集，乃谋叛逆”中的“乃”字是“方才”的意思。整句话的意思是说：天下都已经要一统了，韩信才想起来造反（很明显不是时机嘛），因此被诛灭三族，难道不是应该的吗？

后一种说法可以在这篇列传中找到一处呼应，即司马迁用了大约十分之一的篇幅写齐人蒯通为韩信看相的事，蒯通说：“相君之面，不过封侯，又危不安。相君之背，贵乃不可言。”这句话的意思是说，您跟着刘邦不过是封侯，而且富贵可能不会长久；您要是背叛刘邦，那就富贵不可言了。这可能是项羽一方为了拉拢韩信而用的计策，因为当时韩信实力强大，战功赫赫，完全有能力与刘邦、项羽三分天下。可是韩信犹豫不忍，又自恃功高，认为刘邦一定不会对他怎么样。蒯通眼看劝他不动，只好装疯而去。最后，韩信被吕后下令斩首时还说："吾悔不用蒯通之计。"

由这段叙述可见"乃谋叛逆"解释为"到这个时候才想起来造反"似乎有些前后呼应的意思。这么说来，司马迁应该是比较同情韩信的，以他的能力简直可以取刘邦而代之，最后却落得这样的结局。当日在刘邦面前拼命推荐韩信的是萧何，后来参与计划诱杀韩信的也是萧何，司马迁还不忘写上一笔："吕后欲召，恐其党不就，乃与萧相国谋……"

游历的第一站在感慨和叹息中渐渐远去。司马迁继续往南走，到了现在浙江绍兴东南方的会稽山。在到会稽山之前，他还参观了战国时四大公子之一——楚国春申君的故城宫室。

春申君所在的年代，楚国的疆域已经扩展到了沿海江浙一带。传说黄浦江就是春申君开凿的，现在上海附近就是他的封邑，上海北门外还有春申君祠，表达了人们对他的纪念。照司马迁的游历路线来看，他参观的春申君故城宫室大概就在现在的上海一带。他赞叹地记道："盛矣哉！"

在会稽山，他曾去探"禹穴"，这是一个山洞，传说大禹治水时曾在这里休息过。会稽山正是传说中大禹会天下诸侯之地，山上还有禹王庙，山下则有大禹的陵墓。除了大禹在此会诸侯以外，他的后代越王勾践也曾在这里生聚教训，卧薪尝胆。司马迁的《史记·越王勾践世家》可能也是以在这里听到的那些流传中的故事做材料的。

会稽山北面的太湖一带就是当年吴王夫差的故地，司马迁可能也前去探访过。他回到长安后，把这些材料编织成了春秋末年吴越相争的热闹场面。

汨罗江畔

离开了会稽山的大禹陵墓，司马迁逆长江而上到了今湖南南部，湘江上游的九嶷山，这是上古三皇五帝舜的陵墓所在地。《史记·五帝本纪》中记道："（舜）南巡狩，崩于苍梧之野，葬于江南九疑，是为零陵。"

然后，司马迁又到了楚国屈原怀石自沉的汨罗江，《水经注》称之为"汨罗渊"，又叫作"屈潭"，它是汨水和罗水合流之处。这是一个容易令司马迁伤感的地方，他后来在《史记·屈原贾生列传》中写道：我曾经读屈原的《离骚》《天问》《招魂》而感动悲伤。后来，我到了长沙，看到屈原自沉的汨罗渊，难免垂涕伤感，想见其为人！

我们前面说过，司马迁很同情弱者、失败者。这主要是因为他的内心有着丰富的情感，而这种情感时常跃然纸上。整部《史记》中，我们经常可以看到"余每……未尝不流涕也""观……未尝不垂涕""未尝不废书而叹也"之类的话。

或许，丰富的情感和深切的悲悯情怀也是一个史家应该具备的素质吧！丰富的情感使他爱人、关心人，而后注意他们的活动，并细心地记录下来；深切的悲悯情怀使他的目光不会被炫眼耀目的成功所强占，而是可以看到弱者、失败者的悲惨命运，使他们的故事不至于湮没在历史的洪流中。

这篇列传除了描写屈原外，还描写了另一位文人的故事，那就是我们前面提到过的贾谊。司马迁在两人故事的转接处写道："自屈原沉汨罗后百有余年，汉有贾生，为长沙王太傅，过湘水，投书以吊屈原。"为什么把两个相隔一百四五十年的人合并在一篇传里呢？

有关人士的研究显示，屈原大约生于公元前 343 年，他是富于浪漫气息的楚国的贵族和诗人。司马迁说他早年"入则与王图议国事，以出号令；出则接遇宾客，应对诸侯"，那时他很年轻，还不满 28 岁，由于少年得志，遭到了一批

汨罗江风光

人的妒忌，有人在楚怀王面前屡进谗言，多方陷害，终于使楚怀王渐渐疏远了屈原。

当时距秦始皇一统天下不过半个世纪左右，战国群雄中以秦、楚、齐三国最强，正是张仪、苏秦的“合纵连横说”在九州大地风行的时候。楚国内部有亲秦派和亲齐派，以屈原那种浪漫诗人的个性来说，他自然与爱谈神仙的齐国文明较能契合，他是个亲齐派，视强秦为虎狼之国。他的被排挤、遭陷害，也从另一个层面上显示出在楚国亲秦派占了上风。

这中间，楚怀王这个没见识的昏君还闹过一个著名的笑话。当时秦惠王想攻打齐国，怕楚国和齐国联合，就想先和楚国达成一个互不侵犯的协议。秦惠王不动兵刃，派张仪到楚国游说。张仪说，只要楚国与齐国断绝关系，答应不在秦国与之交战期间和齐国联合，秦国愿意割给楚国六百里土地。楚怀王信以为真，痛痛快快地与齐国断绝了关系，然后欢天喜地地派使臣向秦国索取六百里土地。没想到，张仪却不慌不忙地说：“仪与王约六里，不闻六百里。”于是“楚使怒去”。

六百里变成六里，秦、楚两国的关系急转直下，亲秦派当然脸上无光，屈原也因此得到机会回朝，这时他大约 32 岁。屈原这次被复用，最初几年颇受信任，还以特使的身份出使齐国。但亲秦派并没有沉寂下去，他们设法促成了秦、楚联姻。秦惠王之后的秦昭王特来邀请他的亲家楚怀王到秦国会面，屈原痛谏：“秦，虎狼之国，不如毋行！”楚怀王不听劝告，一意孤行。屈原因触怒楚怀王再次被免职流放，不久就传来楚怀王死于秦国的消息。这时屈原约 45 岁。

秦、楚绝交，屈原又有机会回朝，可是不到三年，亲秦派的势力又恢复了，楚怀王之后的楚顷襄王又与秦国修好，可怜的屈原又遭到了放逐。

又过了七八年，即屈原大约 60 岁的时候，司马迁说他“颜色憔悴，形容枯槁”地来到汨罗江畔，“披发行吟”。他感慨地对渔翁说：“举世皆浊而我独清，众人皆醉而我独醒！”并表示自己已经看破一切，“宁赴常流而葬乎江鱼腹中”，然后他作《怀沙》之赋，自投汨罗江而死。

这个投江的场面被司马迁描写得凄切动人。文中渔翁劝屈原既然举世混浊，干脆就“随其流而扬其波”算了。屈原说：“吾闻之，新沐者必弹冠，新浴者必振衣。人又谁能以身之察察，受物之汶汶者乎！”读来确实令人伤感。这一段文字很可能就是司马迁在这次旅行中听到的，对他讲述这段故事的人也很可能就是汨罗江畔的渔夫。

在汨罗江畔凭吊屈原，司马迁自然而然想起了比他早三四十年、同是站在这里凭吊屈原，望着江水长叹并写下《吊屈原赋》的贾谊。贾谊也是少年得志，后来被谗言排挤，也擅长写辞赋。他的《吊屈原赋》就好像是对自己郁郁不得志的控诉，是一种共同体验的抒发。

贾谊，洛阳人，生于公元前 200 年，他 18 岁时就已经很有名了，最得意时是 20 岁出头的那几年。最先任用他的是河南郡太守吴公（名字已失传），后来吴公因为政绩优良被升为廷尉，掌管司法刑狱，他顺便把贾谊这个“年少，颇通诸子百家之书”的青年推荐给汉文帝。文帝马上任命贾谊为博士。博士这个职位在文帝时代仍是顾问，各家各派都有，不过能当上博士的，大部分都是年纪很大、知名度很高的学者，贾谊是其中最年轻的一个，可算是出尽风头。

司马迁说他，“诸老先生未能言，谊尽为之对”，汉文帝非常欣赏贾谊，一年之内调升他为中大夫（汉朝的爵位分为公、卿、大夫、士，大夫又分上、中、下三等），后来甚至要把他提升到公卿的地位，结果招致保守元老集团的嫉妒。这批元老功臣是汉文帝登基的巨大助力，文帝怎么可能为了贾谊而得罪他们？于是只好把贾谊调离中央，外放去做了长沙王的太傅（太傅地位尊贵但无实权，是皇帝的顾问，位在丞相、太尉、御史大夫三公之上，所以又称上公。贾谊担任的是诸侯王国的太傅）。约四五年后，汉文帝曾召回贾谊，但仍不敢安置在身边，只能又派他去做爱子梁怀王的太傅。

又过了几年，梁怀王在一次骑马时意外身亡，贾谊认为自己未尽到辅导之责，终日郁郁，第二年就过世了，年仅33岁。从他初见汉文帝，崭露头角到他郁郁以终，共十年左右，在这十年中，他为后世留下五十多篇政论文章，最著名的就是那篇掷地有声的《治安策》，这篇文章一开头就说：“臣窃惟事势，可为痛哭者一，可为流涕者二，可为长太息者六，若其他背理而伤道者，难遍以疏举。”他所谓的事势中糟糕到令人痛哭的，就是封建诸侯问题。当年汉高祖为了顾及社会形势，大肆分封诸侯，与郡县制并行。贾谊认为这一定是个乱源，他主张“众建诸侯而少其力”的温和改革办法。对于匈奴，贾谊的看法是要先消除人们对匈奴的恐惧心理，同时采取强硬政策。他还主张注重太子的教育，因为太子是将来天下命之所系；还主张要礼遇大臣，不可让大臣随便受到刑戮，大臣如果真的犯了大罪，也只能命其北面而拜，跪地自裁，不能让他受狱吏的凌辱。

贾谊的这套治国理想后来被赞为“开国之盛音，创建之灵魂，汉代精神之源泉”，说刘邦是物质上的开国，而贾谊则是精神或理想上的开国。贾谊死后的汉代政情无一不是按照他提出的理想和方针发展的。汉朝分封和郡县并行的制度后来引发了七国之乱，这可以说是因为没有采用贾谊提倡的用温和办法削弱诸侯势力的政策导致的结果。不过，他说的“众建诸侯而少其力”的办法在七国之乱后得以实行；他对匈奴的强硬主张也在汉武帝时得到贯彻；他重视太子教育的理念到汉武帝时演进成除了太子教育外，还设立博士弟子员，重视全国青年教育的政策；他移风易俗的呼吁后来演变成董仲舒的文化复古运动。

这样一位才华横溢的青年政论家，无疑是司马迁的偶像和榜样。司马迁又正好身处盛世，正是当年贾谊崭露头角的年龄，一种想像贾谊一样流芳后世的想法在司马迁心中滋生出来。司马迁是爱才、惜才的，或许他的容易伤感也正是因为这种“爱”和“惜”。他把屈原、贾谊这两位同样有才能，而遭遇同样命运的天才，打破时间距离，放在同一篇列传里，唯有这样才能够显示出他们命运的悲怆，也唯有这样才能申述司马迁自己内心的感慨！

与屈原的《怀沙》之赋相对，司马迁也录了贾谊的《鹏鸟赋》，鹏鸟是一种无法远飞的鸟，长沙人说这种鸟是凶物，飞入哪家，哪家就会有人死去。贾谊被排挤到长沙后，有一天飞来一只鹏鸟，于是“自以为寿不得长”，而作《鹏鸟赋》，看破生死荣辱自我安慰。他引老子的话“祸兮福所倚，福兮祸所伏”，又说“命不可说兮，孰知其极？”“化为异物兮，又何足患？”果然，没几年，贾谊就死在了梁怀王太傅的任上，命夫！

这篇《屈原贾生列传》很可能与司马迁遭受残酷刑罚后的心境有关，是他发泄自己对人世苍凉的感慨。此外，也许就是学贾谊，用一篇文章来表明自己强作平静的态度吧。

高祖故里

按照《史记·太史公自序》及《汉书·司马迁传》的记载，司马迁从江浙一带到湖南之后转向山东。山东是孔子的故乡，孔子也是一个一生都很失意的伟大人物。

这时，距汉武帝“罢黜百家，独尊儒术”已有约十年的光景，崇儒的风气已经吹遍全国，这个孔子的诞生地自然也有一番兴旺气象。

司马迁在这里都做了些什么呢？他说他到鲁国“观仲尼庙堂、车服、礼器，诸生以时习礼其家，余低回留之，不能去云”。他亲身接触孔子在文化教育上的种种遗迹，深深体会儒家教化的遗风，并且徘徊不愿离去。

司马迁是十分崇拜孔子的，他接着说：“天下君王至于贤人众矣，当时则荣，没则已焉。孔子布衣，传十余世，学者宗之，自天子王侯，中国言六艺者，折中于夫子，可谓至圣矣！”不过崇拜不表示全部思想的皈依，后世对司马迁究竟是重黄老，还是重孔孟，争论不休。我们前面已经说过，这是个见仁见智的问题，《汉书》的作者班固在《司马迁传》的末尾评论道：“其是非颇谬于圣人，论大道则先黄老而后六经。”可是司马迁的《史记》中“世家”是记诸侯之事的，孔子是平民，他却把孔子列入诸侯之列。老子则被归到记述名人传记的“列传”中，这样的编排显然是尊孔抑老的。那么他到底更倾向于哪家的思想呢？这要研究起来恐怕又够写一本书的了，我们不就这个问题做深入的分析。站在传记的立场上，从司马迁的生存时空和生活体验来看，我们只能说：他具有浪漫的性格，他的家庭教育，尤其是他的父亲使他具有了相当程度的黄老思想，但他所处的时代又使他浸润在孔子的遗风中。这种特殊的情况使得司马迁的思想注定是复杂而不单一的。

山东除了鲁国，还有靠海边的齐国，游毕齐、鲁后，如同孔子困于陈蔡，司马迁也遇到了麻烦，被迫“厄困鄱、薛、彭城”。这件事情没有详细的记载，只在《孟尝君列传》中说:我曾到过薛地（今山东南部藤县附近),那里的风俗和齐、鲁两国有很多不同，都比较粗暴。我问当地人这是什么原因形成的，他们说是因为当年孟尝君喜欢养士，以致招来一些鸡鸣狗盗之徒。这样看来，世人说孟尝君好客，实在是名不虚传啊!

彭城就是现在的徐州，是当年西楚霸王项羽的都城。彭城东边——今江苏北部的宿迁市西，就是项羽的故乡。彭城的西北则是刘邦和萧何、曹参、周勃等汉朝开国功臣的故乡沛县（故城在今江苏北部沛县以东）。彭城的东北方是当年张良锤击秦始皇不中而藏匿的地点下邳（故城在今江苏北部邳州市以东），他在这里遇到圯上老人黄石公（圯是当地人的土语，指桥），黄石公在这里传授给他兵法。汉初的重要人物全部在彭城附近风云际会,所以这段旅程虽然遭遇困厄，但应该也给了司马迁很多灵感。

首先说项羽与彭城，项羽曾在这里制造了我国战争史上一次以少胜多的奇迹，他只用三万精兵，把刘邦的五十六万大军打得落花流水。楚汉之争虽然项羽失败了，但司马迁对他是相当敬佩的，他把这位失败的英雄放在了帝王的位置，为他写“本纪”。

《项羽本纪》一开始就指出“项氏世世为楚将，封于项，故姓项氏”，这句话讲述了项羽的家世渊源，他的勇猛善战是有家世传统的。然后说他“少时，学书不成，去；学剑，又不成”，项羽自己解释是因为“书足以记名姓而已。剑一人敌，不足学，学万人敌”。于是转而学习兵法。他看到秦始皇出游的队伍就说“彼可取而代也”。后来的巨鹿之战，项羽破釜沉舟，大破秦军。胜利后，他得意地召见原来在旁作壁上观的诸侯军将领，那些将领一个个吓得“无不膝行而前，莫敢仰视”。即使是项羽最后败亡在垓下（今安徽灵璧县东南）之战时，司马迁也把他塑造成一个悲壮的英雄：汉军以数千骑追他仅存的二十八骑，结果“项王大呼驰下，汉军皆披靡”，有个大胆的汉将负责追击项羽，“项羽瞋目而叱之”，那汉将就“人马俱惊，辟易数里”。

最后项羽到了乌江（今安徽和县东北），他把心爱的千里马送给一位亭长（秦汉制度，以户口为准，每一千家设一亭，亭长负责治安工作），那位亭长劝他渡江以图东山再起，项羽不肯,和他的随从战士下马“持短兵接战,又杀数百人”，而后项羽发现汉军中有一位老朋友，索性把自己脑袋送给他去领赏，就这样结束了他传奇的一生。司马迁说项羽“分裂天下，而封王侯，政由羽出，号为霸王，位虽不终，近古以来未尝有也”。

他笔下的刘邦远没有项羽这样的英雄气概，相反充满了无赖气息。他好女色、爱喝酒。早年当亭长时，有一次去参加沛县县令的宴会，县令规定送礼太少的人只能坐下席。刘邦这个小亭长根本没有多少钱，竟谎报礼金，大摇大摆地坐在首席上。他能任用读书人,却动不动就谩骂他们,极尽折辱。

彭城之战，刘邦大败，他的父亲被项羽俘虏，项羽特制了一个特大号的切肉砧板,把刘邦的父亲放在上面,威胁刘邦,如果不投降，就把他父亲煮了。刘邦说：我和你同在楚怀王面前受命，约为兄弟，我爹就是你爹，你如果真要把他煮了，也分我一杯羹好了！由此可见刘邦的流氓气有多重！

刘邦周围的那些智囊呢？萧何、曹参原来是狱吏，周勃是办丧事时的吹鼓手,樊哙是个杀狗的屠夫,周昌是个小吏,灌婴是个卖布的。刘邦做了皇帝之后，萧何、曹参、周勃都做过丞相，其余的人也都封了侯。司马迁在这次旅行中也访问了一些地方遗老，他很有感慨地说：异域所闻！当年他们还在屠狗卖布的时候，怎么会想到日后竟然能够垂名汉世？

这样前后一对比，司马迁对项羽同情得有些太过了吧？刘邦和他的开国功臣们好歹算是同属于司马迁的政治集团，项羽则是属于对立面的。可是在司马迁的笔下，就是这位站在政治对立面的人物得到了赞扬。那么关于高祖和汉初开国功臣们的记载有没有不属实的地方呢？司马迁死后，他的孙子将《史记》公开，并没有哪一个功臣的后代出来责难所记不实。司马迁尽管同情项羽，但并没有失去史家的理性，从他的记载中我们仍能够做出刘邦可得天下的判断。

这样的判断是基于刘邦的老谋深算，他早年虽然有流氓习气，但处理事情却颇识大体，我们只要对比一下韩信在项羽和刘邦处的不同遭遇就可以看出两人之间的区别。韩信曾在项羽麾下，因不被重用而改投刘邦，他站在对双方都有所了解的立场上分析了刘项两人的优劣。关于项羽的缺点，韩信说：项羽的勇悍无人可比，但他不能任用贤能，再勇悍也不过是他个人的匹夫之勇而已。他平常对人很好，讲话和颜悦色，有人生病了，他会为之涕泣，而且饮食照料，无微不至。可是当别人有功劳应该封赏的时候，他却舍不得分封，所以他的仁慈只不过是妇人之仁。还有，项羽的大军军纪不甚严明，所过之处，烧杀抢掠，引起了天下百姓的怨恨。

相比之下，刘邦废除秦朝的苛刻律法，与秦民约法三章，这是仁而爱人的表现。他能说出“运筹于帷帐之中，决胜于千里之外，吾不如子房；镇国家、抚百姓、给馈饷，不绝粮道，吾不如萧何；连百万之军，战必胜，攻必取，吾不如韩信”的话，则表现出他的豁然大度。

如此看来司马迁并没有故意贬低刘邦的意思。他从遗老口中采撷一些生活琐事加以记录，除了写实以外，还为后世分析汉朝统治阶层及其性格提供了很好的依据。

游过了高祖故里一带，司马迁转向西行，来到河南开封。开封是战国时魏国的都城大梁，当地人向他述说了当年魏国灭亡时的景象，后来司马迁在《魏世家》里写道：我曾到大梁的废墟探访，当地人告诉我说，秦国攻打大梁时引河水淹灌大梁，三月而城坏，魏王只好请降，于是魏国就此灭亡。

魏国的信陵君是战国四大公子之一，门下食客三千，诸侯因为他的贤名而不敢侵犯魏国，他曾率五国之兵大破秦军而威震天下，后来由于魏王听信谗言渐渐疏远信陵君，信陵君意志消沉，自暴自弃，每天与食客饮酒解闷，耽于女色，没几年就病死了。他也是一位悲剧性的英雄。司马迁很崇拜他，为他写了《魏公子列传》，文中有一段很戏剧化的场面，即信陵君听说魏国有个70岁的隐士侯嬴，为了招揽他，信陵君在众宾客面前亲自执辔迎侯嬴于夷门。司马迁问大梁的人什么叫“夷门”，有人告诉他，夷门就是东门。

路过大梁之后，司马迁继续往西走，到了今洛阳东南方的登封，这里有一座山叫箕山。他后来写道：“余登箕山，其上盖有许由冢云。”许由是古代的一位隐士，据说尧打算把天下让给他，他一听就奔到河边，狠狠地把耳朵洗了又洗，表示自己不听尧的话，不肯接受帝位。他死了以后就葬于箕山，山下有一处叫洗耳池的古迹。

箕山之游算是司马迁这次壮游的尾声，这里距离关中不远，他就直接回长安去了。

我们不敢说司马迁的这次旅行就是为了写《史记》，他那时应该对前途有各种不同的幻想，未必就已经认定自己要接父亲的衣钵。不过从小的耳濡目染肯定使他具备了成为史家的特质和史家应该有的敏锐触觉。因此，不论这次旅行的目的如何，都在客观上为司马迁日后写《史记》储备了大量素材。

这是一次重要而富于情感与趣味的旅行。

伴君如伴虎

为郎中

《史记·太史公自序》中说此次游历结束后，司马迁就“迁仕为郎中”。这表明他终于踏入了仕途，不过这究竟是哪一年的事情，司马迁没有写明。

司马迁 20 岁开始游历，以当时的交通工具，花上一两年时间应该是差不多的，所以他回长安时大概已经二十一二岁了。而在他 22 岁那年，即元朔五年（前 124 年），汉朝推出了一个有建设性的措施——为博士置弟子员，换句话说，就是为博士招收学生。我们前面说过，司马迁 11 岁时，汉武帝采纳董仲舒的建议，在各家各派的博士中，只保留儒家的正经博士，其他的予以取缔。这次提出招收学生建议的是公孙弘，他表面上是个儒家，实际上思想很复杂，似乎更倾向于法家。

汉武帝的“独尊儒术”就是一个幌子，他在实际政务方面根本不重用儒生，而是以倾向于法家的公孙弘为主，公孙弘出身于狱吏，“习文法吏事”。他这次提出为五经博士招收学生的建议，显然是把先前的“独尊儒术”政策变得更为具体，让学习儒学的人和政府的人事管道有一个沟通。这个措施还规定学生毕业成绩特优者可以为“郎中”，通五经中的一经以上者就可以委任官职。

司马迁被选为郎中应该就是借助了这个通道，因为本来郎官（郎中是郎官的一种）的来源不外以下几种：

一、汉朝官吏的等级是以所领的俸米来区分的。俸米的单位为“石”，最高的是三公，属万石级，其下有二千石、千石、若干百石等。所谓若干石，并不是说他就领若干石的米，实际发放时是要打些折扣的，这时的单位称“斛”，斛和石同样是十斗，万石的大官每月实际领米三百五十斛，一年四千二百斛。按照规定，凡是二千石以上的官吏就可以把儿子或兄弟选送为郎官。例如苏武。

二、家财万贯以上的。例如司马相如。

三、具有特殊技能的。例如驾车驾得特别好的，这种有些近似弄臣一类。

从这原有的三种途径来看，司马迁哪种都不符合。他的父亲司马谈是太史令，俸禄不过六百石，离二千石的标准还有很长一段距离。而以这样低的收入，第二种情形无疑也是不可能的。至于第三种情形，就更不可能了。综上所述，司马迁应该是通过博士弟子员这个身份被选为郎中的。

郎官和郎中到底是什么呢？为了对司马迁的这个职务有较为清楚的认识，我们先从汉朝的政治制度说起。

秦、汉是我国从分裂割据的春秋战国走向统一中央集权国家的时代，也是奴隶制度转为封建制度的时代。汉初的制度大多还保有奴隶制时代的残余，在奴隶时代，封地是奴隶主所有，奴隶是奴隶主的私有财产，封地中的政治就是奴隶主个人的家务，他底下的官吏就是他的家臣。这种制度和封建领主制并没有多大区别。汉初，天子王室与统治天下的政府间，界限并不清楚。那个时候，在基本意义上属于皇帝家务官的宦官集团还没有形成。全国行政与宫廷服务两套制度是并立或交叉的。

郎，是随从在皇帝左右的侍卫集团，有点像战国时国君或贵族间流行的“养士”或“食客”。

从组织上来说，皇帝以下的官吏最重要的是三公、九卿。三公在汉初是丞相、御史大史、太尉，九卿是列卿或众卿之意，通常由太常、郎中令、卫尉、太仆、廷尉、大鸿胪、宗正、大司农、少府等。其中廷尉管刑狱司法，大鸿胪管外交事务，大司农管国家财务，三者都属于全国行政性质。其余的，太常管宗庙礼乐及医药等，卫尉和郎中令管宫殿侍卫，太仆管皇帝出门的车马，宗正管皇族事务，少府管山海池泽的税收，这六者皆属宫廷服务性质。

郎就属于后六者中管侍卫的郎中令的下属。郎中令在汉武帝太初元年（前 104 年）才被改为“光禄勋”，同是掌管宫廷侍卫，但与卫尉的不同之处在于：卫尉是驻守宫殿的卫队队长，以所驻守的宫名为官名，例如甘泉宫卫尉；郎中令则是管理宫殿门户的首领，其下属有大夫、郎、谒者等。其中真正管门户的就是郎。除了管门户，皇帝出门时，他们还要列成车马队侍从。此外，他们因为平常居住在宫中，皇帝出门时也常随侍左右，所以是皇帝身边现成的顾问，皇帝有什么事情，也常差遣他们去执行。他们在行政上没有固定职务，没有办公室，也没有一定的编制，多时人数可达上千，完全由皇帝自由决定他们的任务和人数。郎又分为议郎、中郎、侍郎和郎中四等，其中除了议郎原则上掌论议以外，其余的都要轮值守卫宫门，皇帝出门时则为侍从。

司马迁担任的郎中，就是这种性质的官。

还有一点很值得我们注意，郎在当时是很受重视的升迁之道。由于那时科举制还没有建立，汉朝中下层官员主要来源只有两个，一个是各政府机关的办事人员，另一个就是郎。前者往往被有钱人独占，后者需要祖宗庇荫，或是家财万贯才有办法担任。

司马迁运气不坏，正赶上博士弟子员制度的推行，使得他有机会进入仕途，踏上这个令人钦羡的跳板。这个跳板是由皇帝亲自控制的，所以前途非常被看好。我们前面一再提到司马迁身处盛世，对前途有不少憧憬，这就是一个证明，也是他向仕宦之途踏出的第一步。

究竟他是在哪一年成为郎中的呢？目前还没办法确切考证出来，最早也是在他 22 岁或者 23 岁的时候。从此，司马迁和父亲司马谈一同在宫内任职，只是单位不同。在宫中任职后，他有更多的机会可以直接接触一些有名或有才学的人士，例如我们前面提到的孔安国、董仲舒等，也有人认为司马迁是在这段时间才开始和他们接触的。

汉匈之战

司马迁回长安后的公元前 124 至前 129 年，是汉朝自卫青大破匈奴，收复河南地后，对匈奴大举征伐的时期。司马迁 7 岁时，出使西域的张骞刚出汉朝国境就被匈奴抓了去，被扣留了十多年，才趁机会逃了出来，不过他没有立即回国，而是继续他的使命，去联络大月氏。

大月氏是西方的一个游牧民族国家，位于现在的中亚地区。在张骞被匈奴拘留期间，大月氏被另一支游牧民族乌孙所压迫，从伊犁河流域迁到了更西边的阿姆河流域。张骞到大月氏停留了一年多，回国途中又被匈奴扣留了一年多，才逃回长安，当时正是司马迁 20 岁出发游历的那年。

张骞前后出使 13 年，虽然没有达成联络大月氏、夹击匈奴的使命，但深入了解了西域各国的国情，带回不少珍贵的资料，对于汉武帝和匈奴争夺西域霸权起到了相当大的帮助作用。

张骞回国是一件大事，司马迁很可能曾经向他请教过关于西域各国的问题，他在《大宛列传》中指出：古籍上说黄河源于昆仑，可是，张骞出使大月氏，可以说已经到了黄河的源流处以外了，却并没有见到什么昆仑。

这就是司马迁的实证精神，也是他先前展开游历的收获之一。他喜欢实地考察古籍上的说法，受到限制无法自己亲身前往的，也要从去过那里的人口中得到一些经验。

张骞回国以后，汉军接连展开一连串对匈奴的主动攻击，战果比较丰硕的有三次：第一次是元朔五年（前 124 年），司马迁 22 岁时，由卫青统率苏建（苏武的父亲）、李蔡（李广的堂弟）等人的大军，由高阙塞（今内蒙古磴口县附近）、朔方（鄂尔多斯高原）出发，出塞六七百里，俘虏匈奴一万五千多人，牛羊数十万头。

第二次是元狩二年（前 121 年），司马迁 25 岁时，汉武帝遣霍去病为将两次统兵出征，斩匈奴共约四万人。匈奴单于率众投降，汉朝得到了黄河以西今甘肃境内的大片土地，设武威、张掖、酒泉、敦煌四郡。

第三次是元狩四年(前 119 年),司马迁 27 岁时,由卫青、霍去病各率五万骑出击。卫青从定襄（今山西定襄县）出塞一千多里，将匈奴赶到今蒙古境内才班师回朝。霍去病则从代郡（今山西大同一带）出塞两千余里，至狼居胥山（具体位置存疑）而还。

最后一次出击，汉军把匈奴人赶到了遥远的北方，但双方损失惨重，几乎不相上下。汉军出塞时有十四万匹马，回来时就只剩下三万匹，损失了近百分之八十，这使汉朝短期内没有能力再发动大规模的攻击。同时，这次战役也暴露了汉军的一个致命问题，就是掌握指挥权的外戚军人和担任战斗主力的关西军人之间存在着严重的矛盾和摩擦。这种矛盾和摩擦与日后司马迁的遭遇有着密切关系。他 27 岁那年，这种摩擦发展到了极致——关西军人中声望最高的将军李广在随同卫青出征途中自杀！

李广，成纪人（今甘肃静宁西南），他的先人曾在秦朝为将，他的子孙后来也都在汉朝为将，李家可以说是军人世家。

李广在文帝时就已经崭露头角，文帝曾慨叹他生不逢时，如果生在高祖时代，封个万户侯"岂足道哉！"这种说法是因为文帝时还采取与民休息的政策，除了小规模的战事，并没有机会让李广好好表现。

到了景帝时，七国之乱中，李广曾随太尉周亚夫攻打叛军。叛乱平定后，他曾出任北方一些边境城市的太守，由于国家政策未变，仍然没有施展才华的机会，不过一些小型的边境战争也使李广名扬天下。

汉武帝即位后，一直想有所作为，李广受人举荐，由边境的太守调升为卫尉，而后在司马迁 12 岁（前 134 年）时被封为将军镇守雁门关。他在一次敌我兵力悬殊的战役中被俘，然后凭借勇猛机智逃了回来，但被废为庶人，后来又被任命为右北平太守。

李广镇守边境期间，匈奴人惧怕他的勇猛过人，好几年不敢妄动，李广也因此得到了"飞将军"的称号。后来，元朔六年（前 123 年），即司马迁 23 岁时，李广被任命为郎中令，直到四五年后他自杀为止，都是以这个官衔挂将军衔率兵出征的。

前面我们说过，郎中是郎中令的下属之一，那么也就是说，李广在他生前的四五年里，有可能是司马迁的上司。当然，即便这是事实，这种宫廷服务性质的官也很难有同事间相互交流的机会。李广绝大部分时间都在边境，所以司马迁与他见面的机会一定不多，但不至于完全没有。

有一种说法认为，司马迁担任郎中是在李广死的那年，或者在那年以后。不管怎么说，司马迁应该是见过李广的。他在《李将军列传》中提到了他对李广的印象："余睹李将军悛悛如鄙人，口不能道辞。"翻译成现代汉语就是：我看李将军老实得像个乡下人，也不太会说话。

李广之死

李广为什么要自杀呢？冰冻三尺非一日之寒，我们先来分析一下根本原因：李广从文帝、景帝以来就是天下皆知的名将，以他的才干和资历，理应受到汉武帝的重用。可是汉武帝有意压抑关西军人、提携外戚，在这种政策下，李广只能屈居卫青之下。

卫青在外戚当中算是性格比较好的了，也不十分跋扈，可是对名满天下、甚得人望的李广还是有些妒忌的。他为了培养自己的嫡系部队，通常将重要任务分给自己人，并千方百计排斥李广，物资和战术上也不予以支持。李广能在如此恶劣的条件下参加大大小小七十多次战役，并且鲜有败绩，足可见李广卓越的军事才能。可是碍于外戚，他始终无法封侯，官不过九卿，他原来的一些部下或才干不如他的人都一个个成了他的上司。李广曾经很泄气地对一位算命先生说：“自汉击匈奴以来，各种战役我从来没有不参加的。一些校尉以下、才能普通的军官因为战功封侯的有几十个人。我李广从不落人后，可是却没有尺寸之功得以封侯封邑，这到底是为什么？”

据司马迁的记载，那个算命先生反问他说：“你自己回想看看，有没有什么令你感到特别悔恨的事情？”

李广说：“有！当年我做太守时，羌人作乱，我设计诱降了八百多人，并且把他们全部斩杀，现在想起来非常后悔。”

算命先生说：“那就对了！罪莫大于杀戮已降之人，这就是将军您无法封侯的原因。”

这个说法有点站不住脚，于是司马迁用一种打抱不平的口吻写道：“蔡（李广堂弟李蔡）为人在下中（中等以下），名声出广下甚远（比李广差多了），然广不得爵邑，官不过九卿，而蔡（李蔡）为列侯，位至三公（李蔡当到丞相）。”这之后，就是李广问算命先生的那段话，从中我们可以隐约看出他一言难尽的无奈和苦闷，有些想要归之于天的意思。

而导致他自杀的直接原因就是公元前119年的那次大征伐。这时的李广已经六十多岁了，当他听说有大规模的军事行动时，就主动请缨。汉武帝以其年老为由，不肯答应。过了不久，可能是拗不过李广的多次请求，答应让他随大将军卫青出征。原来给他的头衔是前将军，也就是负责正面攻击的前锋，可是出塞之后，卫青从俘虏那里得知匈奴单于的行军位置，临时更改部署，由自己率精兵居前，而要李广和右将军的部队合并，绕东道侧击。李广说自己自束发以来就与匈奴作战，直到今天才第一次有机会碰上匈奴单于，希望能阵前效命、直击匈奴。卫青没有答应。

司马迁在描写这段故事时,很有技巧地说卫青在出发前，汉武帝就私底下交代过他，李广已经老了而且运气又不好，不要让他单独去对付匈奴单于。这是卫青不答应李广请求的主要原因吗？司马迁说“而是时……”,这是一种转折的语气，接下来引出的才有可能是真相：公孙敖是当时军中的一员，他是甘肃人，说起来也是关西军人，当年卫子夫刚得宠，馆陶公主妒忌卫氏一族，派人暗害卫青时，公孙敖曾救了卫青一命。此后，卫青一直十分袒护他。当时公孙敖刚刚失去爵位，卫青想给他制造一个建功的机会，以便他再度封侯，于是就想办法把李广调开，由公孙敖与自己一同出击单于。

李广知道原因所在，但仍力争，可惜卫青坚持原来的计划。李广只好服从命令，却不幸在沙漠中迷失方向。司马迁的原文是这样的：“军亡（无）导（向导），或失道（迷惑而失道）。”在沙漠中行军，向导非常重要，李广是谨慎之人，应该不会自恃识途老马，不带向导吧。那么是卫青故意不给他向导吗？我们不得而知。

这场战争最后并没有俘获匈奴单于，卫青在回途中碰到迷路的李广和右将军。卫青扬言要追究责任以呈报天子，命李广到他的营帐中接受审问，李广一时百感交集，对他的部下说：我从束发起就与匈奴作战，参加了大大小小七十多次战役，现在好不容易有机会与匈奴单于对战，可是大将军却命我为侧翼，我又在途中迷路，这恐怕是天意啊！我已经六十多岁了，实在没有脸面去受审，也不想应付那些负责审判的官吏！

天水李广墓

这段话说完，李广就拔剑自刎！

李广与那位算命先生的对话发生在两年前，那时他或许对自己的功业不抱什么希望了，只愿能在有生之年，与匈奴单于交战一次。可是这最后的心愿也被剥夺了，不仅如此，还要把没有抓到单于的责任推到他头上。这对一个世代为将的老将军而言，其刺激之大可以想见，自杀似乎是他唯一的解脱方法了。

前有乱世中的青年英雄、“力拔山兮气盖世”而被逼自刎于乌江的项羽，后有盛世沙场老将、“才气天下无双”而被迫自刎于大漠中的李广。无疑，司马迁是用激动而颤抖的心去描写他们的故事的，尤其是《李将军列传》，也许是因为他曾亲见其人，有比较多的第一手资料，司马迁对李广的感受更为直接，也更为深刻，所以其中有一种《项羽本纪》所没有的情感在里面。司马迁为李广的遭遇而愤愤不平的感情几乎不加掩饰地跃然纸上。

李广与卫青、霍去病大不相同，不仅体现在他们的身份上，还表现在他们的作风上。

司马迁说,李广带兵在“乏绳之处”（缺水缺粮的地方），如果发现了水，他一定让士兵一个一个都喝过了，他再喝；粮食也是一样，非要等到士兵全都吃过了，他才吃。司马迁还说李广非常廉洁，他经常把赏赐分给部下，终其一生，李广也不过只领二千石的俸禄，他家无余财，也从不考虑置产之类的事情。

关于李广的用兵，司马迁说他“无部伍行陈”。所谓部伍就是军队组织，将军下设五部，每部有校尉为长官，部下设曲，每个曲由军侯领导。这是比较严整的军队等级划分，不过李广从来不管这套，他不愿受这些束缚。行军屯驻时，人人自便。他也不使用警报或报时器，非常讨厌那些啰里啰唆的程序。不过，部队安全他并没有忽略，一直做得十分谨慎。显然，他是在有安全保障的前提下，让士兵们放纵自如，充分休息。可能是因为这样，士兵们都很喜欢追随他，而且愿意为他效命。

李广这种过人的胆识和浪漫的作风，无疑是司马迁非常推崇的，他在《李将军列传》中描述了另一位作风完全相反的名将程不识，说他一切按规矩行事，使“军不得休息”，但是匈奴怕的仍然是李广。

卫青、霍去病的为人与李广正好相反。李广爱惜部下，卫、霍则“以柔和自媚于上”，心中只有皇上，因为他们的地位和权势都是皇上给的，只有忠于皇上，这地位和权势才会长久。当然，司马迁并没有埋没他们的战功，他们仍为后世称颂，但对于他们这种媚上的作风，司马迁也客观地记录下来。

有一次，苏武的父亲苏建随卫青攻打匈奴，结果“尽亡其军，独以身得亡去”，部队全军覆没，他一个人逃了回来。照理说，卫青应该当场对他加以处置，但他“不敢自擅专诛于境外，而具归天子”，把苏建带回京城，让皇帝自己裁决，可见卫青是一切看皇帝脸色行事的。汉武帝对卫青的这种做法十分高兴，只降苏建为平民，还赏了卫青不少黄金。

司马迁给卫青的评语是：“大将军为人，仁善退让，以和柔自媚于上，然天下未有称也！”人们大概都觉得他的媚上不太好，所以即便他有仁善退让的美德也不能获得天下人的称赞，不过好在他还没有欺下之类的事情发生过。卫青对李广的排挤只是妒忌他的名声，也不能算是欺下，因为卫青心里恐怕无法把李广当成部下。再说抑制关西军人的崛起是汉武帝的政策，卫青的行为一定或者说等于得到了汉武帝的默许或授意，谈不上欺下。

苏建兵败一人逃回时，左右有人说大将军自带兵以来从未斩过副将，现在苏建弃军而回，可以斩之，以显示大将军的威严。卫青没有采纳。从他没有斩过副将来看，他确实算得上是仁善之人，只是因为太媚上，才不招人待见。

那么霍去病呢？他与卫青还有些不同，他不但媚上，还有些欺下的嫌疑。汉武帝要为他建府邸，他说：“匈奴未灭，无以家为也！”于是汉武帝更加看重他了。对待下属呢？司马迁说他“贵，不省士”，就是自己富贵了而不体恤士兵。有一次，汉武帝赏给霍去病好几十车珍馐美味，可是他一点也没有分给下属们。有时带兵到塞外沙漠，士兵们因为缺粮而精神不振，他却还能“穿域蹋鞠”。鞠是一种球，据说用皮做成，里面塞毛。这句话的意思是，他竟然有兴致在沙漠中踢球为戏。

士兵们饿得没精打采，他还有心思玩球，这也算是不体恤士兵的极点了。司马迁接着写道“事多类此。”意思是诸如此类的事情太多了。

一边是秦朝名将之后，懂得爱惜部下，天下敬重，竟落得悲愤自刎而死的结局；一边是驸马府上奴仆的私生子，因为女人的关系得到荣宠，鸡犬升天，靠着媚上而飞黄腾达。世道何其不公！

司马迁在《李将军列传》结尾的评论中，称赞李广说：

> 《传》曰“其身正，不令而行；其身不正，虽令不从。”其李将军之谓也。余睹李将军悛悛如鄙人，口不能道辞。及死之日，天下知与不知，皆为尽哀。彼其忠实心诚信于士大夫也！谚曰“桃李不言，下自成蹊”。此言虽小，可以谕大也。

对于卫青、霍去病，司马迁的最后评语中仍然对他们的媚上作风耿耿于怀，并没有给这两位为汉朝开疆辟土、建有功绩的名将任何赞美词句。

我们前面说过，汉初时有很多战国风气被保留下来，养士之风就是其中之一。这种养士之风与汉初的分封郡县并行制一配合，就演变成诸侯王势力一天比一天大的局面，等到威胁到皇权时，皇帝必然要削弱诸侯王的势力，诸侯王自然不肯乖乖就范，于是叛乱就爆发了。身为皇帝，当然不会喜欢这种风气,汉武帝登基之初就曾拿几个爱养士的大官开刀,想把这种风气压制下去。卫青明白皇帝的意思，所以说：提拔贤能之士或者罢黜不肖的人，是人主的权力，我们为人臣的，只要奉法遵职就可以了，何必去招贤纳士？

司马迁在这句话后面又补充了一句说霍去病也是这个观念，然后以一句耐人寻味的话作为结束。他说："其为将如此！"翻译成现代汉语就是"他当将军时也是这样做的！"或是"他就是这么一个将军！"这话里有点挖苦嘲讽的意思，好像是说："也不过是个唯命是从的将军而已，有什么了不起！"

司马迁还记载了一件事，从中我们可以看出，他十分反感卫青的媚上。这件事发生在苏建弃军而逃的那次战役结束后，卫青班师回朝，他的姐姐卫子夫因年老色衰而失宠，汉武帝开始宠爱王夫人。有人提醒卫青说：将军您之所以能够获得万户的封邑，三个孩子都封侯，实在是因为卫皇后受宠的关系。现在王夫人刚刚得宠，她家里还不是很有钱，您不如把皇上赐给您的黄金，拿一点出来给王夫人拜寿，能攀上点交情也好。卫青觉得有道理，就拿出了五百金送给王夫人。果然，这个举动令汉武帝很高兴，他因此保住了自己的地位。

这一段故事揭露了卫青为求宠幸无所不用其极的心态，与李广的"自负其能"比起来，的确有点不是大丈夫所为。司马迁为李广鸣不平，无可奈何地借算命先生的话将一切推给命运。对于卫青、霍去病的大红大紫，他也只好说是因为他们命好。这层意思，司马迁是曾明白说过的，他说那些老资格的将军所配得的部队，都不如霍去病的好，霍去病的部队往往都是千挑万选的精兵，这当然更可能打胜仗，又说霍去病胆子很大，常常带一队精兵壮马，远离大军，深入敌境，却从来没有被困绝过。司马迁说“军亦有天幸”，还不是靠运气！

《李将军列传》中还有一段描写明白地表示了司马迁的不平之鸣。他写李广死后，李广的小儿子李敢继任郎中令，李敢因为怨恨卫青排挤并逼死他的父亲，而打伤卫青。卫青大概自知理亏，也没有声张。倒是他的外甥霍去病难消这口气，趁着有次陪皇帝打猎，放冷箭射杀了李敢。这时，正是霍去病气焰最嚣张的时候，很得汉武帝宠幸。汉武帝为了包庇霍去病，只能宣称李敢是打猎时被鹿角触死的。

一年多以后，霍去病意外暴毙，死时才 24 岁。司马迁故意将两件事连在一起，似乎是想表达这样一种意思：李广因天命而志不得申，卫青、霍去病也因天命而志得意满，既然皆归于天命，霍去病杀了李敢，自己也难逃天命的报应！

27 岁的司马迁亲耳听到了李广将军自杀的消息，也很可能目睹了霍去病放冷箭射杀李敢的场面。因为李敢被杀时，他已经是郎中了，很可能在打猎时侍从皇帝身侧。所以司马迁对李广父子的死感受很深。

一般都喜欢把《史记》中的不平之鸣归因于二十多年后司马迁受的腐刑。但我们可以试着分析一下，他之所以受腐刑，是为了替李陵仗义执言，而李陵是李广的孙子，李敢的侄子。司马迁是因为目睹李氏两代的悲惨遭遇而深感不平，然后为李氏第三代仗义执言，惹来大祸；还是因为受了腐刑后，再对李氏三代的遭遇发出不平之鸣呢？两种情况都有可能，也很可能是互为因果。

关于李陵案，我们后面会有比较详细的描述。在这里，我们要强调的是，司马迁已经目睹关西杰出军人的悲惨遭遇，这是预示他自己的悲剧的不安音符。只是当时，他还毫无所觉，因为他的郎中侍从生涯忙碌而多姿多彩。

封禅一说

司马迁在任郎中十年后，接替他父亲的位置成为太史令。这十年间，司马迁经常随汉武帝到处巡游，这些巡游绝大部分都是为了求仙。这些巡游最后间接造成了司马谈的死亡，我们有必要对这些巡游的背景和经过做一番了解。

秦、汉紧接战国，汉朝开国后，由于经历过暴秦的过激统治，人们一旦获得纾解喘息，很自然地会怀念战国时代的种种，像我们前面说过的养士和游侠之风的盛行等，还有就是各家思想的再现。这些现象对一个统一的中央集权的国家来说不是什么好事，所以汉武帝才会压制养士之风、罢黜百家独尊儒术。儒家学说之所以会被独尊，除了它重礼制、谈王道，可使帝王获得美名之外，还有其他学说没有的两个优点：一个是儒者通晓古代典籍，而且有一套自成体系的治国理想和制度主张；另一个是儒家学说含有各家思想的源流，容易加以引申附会。因此各家学说虽然被罢黜，但仍可以在儒家的大帽子下改头换面，继续存在。

事实上，各家各派的成立本来就是经过长时期的孕育而成，易经就是儒家学说和阴阳五行学说的典型融合。墨家的创始人墨翟本来也是孔门弟子。法家的韩非、李斯也是受业于儒生。从这些渊源中，我们可以得到这样的结论，各家学说想在这种环境下改头换面并不十分困难。

在汉朝乃至后世，在儒家学说的大帽子底下盛行不衰的要数阴阳学说为最。促成独尊儒术的大儒董仲舒就是个典型的"阴阳儒家"。

阴阳学说为什么可以获得这样的结果呢？这要归因于它本身就是一种架构，一种基础学说。好比数学，学通了它，就可运用到其他学科中。同理，用其他家的理论，加到阴阳学说的架构上，就会出现崭新的面貌，它既能保住自己，也可以发扬他人。

阴阳学说能够自成一家也有当时具体的环境因素，战国时，人们饱经离乱，对时局日渐绝望，转而沦入宿命式的心理中。他们期待盛世的到来，当然更希望得到促成盛世到来的方法，以求安身立命。阴阳学说中的五行终始之说正好满足了这种心理需求。五行之说始于何时已经无法考证，阴阳学说中用五行、四方（东西南北）、四时（春夏秋冬）、五音十二律、天干地支等，相互配合排列，构成了一个宇宙架构。五行的势力叫五德，五德轮流支配这个世界，当某一种德轮值时，就由代表该德的朝代兴起而统治天下。如何证明某人某朝代可以代表哪个德呢？那要看当时出现了怎样的征兆。

这种理论使战国时饱受战乱之苦的人们的期望变得更为具体，同时也成了各诸侯国代周统一天下的理论根据。本来，这就是一种迷信思想，跟原来的一些迷信行为有很大关系，也很容易结合在一起。它能与儒家合而为一，当然也能与道家相结合，何况道家本来也爱讲阴阳。后来，阴阳学说发展成一套完整的宇宙、政治哲学，同时分离出占卜炼丹的“方术”。

所谓“方士”，原指方外之士，方指现世的领域，方外就是超然于现世之外，不理世事，就是隐者。秉持道家思想的隐者往往隐居在山林中，漫漫长日要如何打发呢？研究阴阳学说是个不错的选择，他们不仅在理论上研究阴阳，还有所发明，各种长生术就是他们的杰作。这些难免会流传出来，于是产生了一批也称作“方士”的人，他们不一定隐居，或者隐居后又复出，他们用这种神秘的长生术谋求个人名利。为了与无意仕途的方外之士相区别，他们被称为方术之士。

这算是另一种阴阳家的形态，在战国末年开始大行其道，那些始终隐居在山林中的发明者在这些大谈长生术的方术之士口中，成了长生不死的神仙。战国时的各种学说都喜欢依附于黄帝，这些方术之士就把黄帝描述成一个懂得长生之术，最后飞升而去的神仙。

秦始皇的暴政把很多贤能之人逼到深山成了隐士，同时也造就出了很多“神仙”和方术之士。方士除了懂得炼丹之外，还会经过改良后的占卜术和导引术。导引术也是一种长生术，据说可以治病，“引挽腰体，动诸关节，以求难老”。现在看来这不过是一种健身运动，注重肢体运动与呼吸的配合，可以强身健体而已。

秦以前的方士不乏以方术吸引帝王，然后试图施展济世理想的人。但后来，他们的形象逐渐被固定，帝王对他们的活动有极大的兴趣，智者却通常对他们很不屑。方术之士后来融入道家的宗教化活动，就变成了后世所说的“道士”。阴阳学说中关于宇宙、政治哲学的方面则融入儒家学说，继续影响着一代又一代人。

司马迁所处的时代是融入儒家的阴阳学说盛行的时代，同时也是与道家学说结合后的方士大肆活动的时代。这时的方士大多为求个人名利，以神仙之说迷惑皇帝。他们取代了原来的巫祝之流，掌握了宗教活动，并且将其按照他们的理论赋予新面貌。

造成方士大肆活动的原因之一是汉武帝敬鬼神、求神仙的欲望。他并不像其他皇帝一样到老了才求神仙，他从青年求到老年，简直可以说是求了一辈子神仙。《史记》中本来没有武帝本纪，是后人将《封禅书》加以剪裁，补录而成。《封禅书》记载的是宗教的祭祀之事，除了前半段之外，其余完全是汉武帝的求仙史，充满了可笑的迷信色彩。封禅与求仙本来是两回事,汉武帝的求仙事迹为什么会出现在《封禅书》中呢？这是方士导演的结果，这个结果间接造成了司马迁父亲司马谈的气愤而死。

首先，我们先了解一下什么是封禅。广义上的封禅就是一种祭天大典。它与一般的祭祀活动不同的是，必须要在泰山一带除地、筑坛，除地就是要把城郊预定要行祭典的地方整理干净，然后在上面以土筑成祭坛。

古时候祭天和祭神鬼是有区别的，祭天一定要在祭坛上露天举行,祭祀神鬼的地方叫做“庙”或“社”。祭天的时候，必须在坛上燃柴火，叫做燔，上面放两头公牛，让烧出的气味随火气上升。

西周以前的祭祀是有严格的阶级区别的，只有天子才能祭天地。诸侯只能祭封地内对人民有益的山林川泽，例如鲁国的泰山、晋国的黄河、楚国的长江等。祭天的次数没有一定，大体上，春夏秋冬的四时之祭差不多是固定的，是常祭。除四时的常祭之外，还有其他非定期的祭祀，例如巡行各地之前，或出征之前，天子即位时，以及天灾地变时的祈福免灾，也是祭祀的一种。

东周时，王室衰微，诸侯势力日渐强大，慢慢地就开始有诸侯僭越天子之权，也举行祭天大典。

地处关西的秦国由于受阴阳学说的影响，先后立了四个举行祭天人典的地方。这个举动对后世产生了很大影响，后来秦一统天下，将这套制度传承至汉及以后的朝代。汉高祖入关后，又增立了一个举行祭天大典之地，凑足五个，与阴阳学说中“天有五帝”的说法相合，打破了原有的“祭天是祭唯一的天帝”的观念。这与周朝时候的郊社之礼明显有些冲突的地方，祭祀之地不在城郊，天子也不一定要亲自主持，派主管祭祀的官员定时去祭祀即可。阴阳五行之说与郊社之礼的相互作用促成了秦、汉时所谓的“封禅”，这里的封禅指狭义的封禅，即秦、汉阴阳家和方士所谓的封禅。

阴阳五行之说关于天人相应的观念在战国以前就已经产生了，但真正将这种观念理论化、系统化，则是在战国后期。持这种学说的人认为一个朝代的兴衰更替分为下列几个步骤：

一、圣人受命——例如，这个循环是属于五行中的金，那么，符合“金”的人降生了，这是第一步。

二、天降祥瑞——天下会有代表“金”的事情发生。

三、推德定制——已确定属“金”，则服色、制度、历法都要随着改变。

四、封禅告成——制度定了，天下也太平了，就要行封禅大典，向天帝报告。

五、这个循环开始衰落，天降灾祸以告世人。

六、统治者要有自知之明，把国家统治权让给贤人。

七、新圣人受命，开始下一个循环。

由此可见，他们所说的封禅变成了改朝换代成功后的报告仪式，与郊社之礼和广义的封禅有所不同。他们将泰山作为封禅的地点，可能与阴阳学说的发源地是齐地（山东半岛）有关。齐国之所以出一些阴阳术士和好神仙之流，与它的地理位置密不可分。齐国濒临渤海，在春夏之交的季节，有时可以看到海市蜃楼的奇景，其变幻无穷引起人们的种种幻想，因而有了神仙之说。泰山就在山东半岛上，自然是比较合适的封禅之地。

在司马迁的时代，狭义的封禅的意义应该是普遍被人们所接受的，但是他们对这种祭祀形式的具体内容、仪式，可能感到有些迷惑，并且容易将其与郊社之礼混淆在一起。到底是社会已经向前发展了，汉人不像周人那样用心于祭祀之事，唯恐获罪于天，而且春秋战国的战乱延绵数百年，很多周朝的礼仪早已失传，加上期间各种学说混杂，广义的封禅一说根本无法追溯。所以，司马迁在《封禅书》一文的开头就说“其仪阙然烟灭，其详不可得而记闻”，之后只好让狭义的封禅充斥于后半部分。

对于封禅的来龙去脉有了一些了解之后，我们再来看看这个说法在当时人们的心目中有着怎样的影响。

这个问题我们要通过司马迁的《史记·封禅书》来分析，《封禅书》说：“自古受命帝王，曷尝不封禅。盖有无其应而用事者矣，未有睹符瑞见而不臻（至）乎泰山者也。”这一段显然就是前面我们说的阴阳家讲的那一套，由受命而符瑞而封禅。他接着写道：“虽受命而功不至；至梁父（泰山旁的小山）矣而德不洽，洽矣而日有不暇给，是以即事用希。”这一段写出了行封禅大典的条件，那就是命、功、德、暇。秦始皇是受命当上皇帝的，统一天下而开疆拓土，功也有了，可是无其德，所以当他登上泰山时，暴雨如注，狂风怒号，他只能“休于大树下”，无法完成封禅，12 年后秦亡。就算命、功、德都有了，也得要有暇才行。由于符合这四个条件很不容易，所以“即事用希”，很难举行。

汉朝开国之初，天下初定，百事待举，有关祭祀的事情，高祖大多令秦朝旧部依照秦例办理。似乎没有人认为当时是封禅的时机。

到了文帝时，公孙臣上书，认为汉应当属“土”，主张改正朔（正朔就是年首，阴阳学家认为新朝代的年首应该配合五行更改）、色尚黄。可是当时的宰相认为汉属“水”，年首应为十月，色要外黑内赤。官大学问大，他这么一说，公孙臣的说法马上被认为是错误的。但是第二年，有人在李广的家乡成纪（相传伏羲氏的出生地）看见黄龙，这是属“土”的祥瑞之兆。消息传到京城，文帝马上把公孙臣找回来，拜为博士，开始草拟改年首和易服色的事，并且亲自主持了汉朝第一次由皇帝主持的祭祀，不过并不是在泰山举行的。

改年首、易服色，这已经是封禅的前奏了，但是这时发生了一件事，使文帝放弃了所有有关的筹备工作。

当时，有一个人叫新垣平，善观天象，他说长安东北有神气，呈五彩，像人戴帽子的样子，那必定是神明住的地方。

他建议文帝在那里建一座五帝庙，文帝采纳了这个意见，同时积极要求博士诸生开始策划封禅事宜。后来新垣平的说法越来越多，他对文帝说：据说周鼎沉在泗水中，现在黄河决堤而与泗水相通，我看京城东北方的汾阴（今山西荣河县北）有金宝气，周鼎似乎会在那里出现。有征兆而不设法相迎，恐怕就没法实现祥瑞之兆了！

于是文帝下令在汾阴之南靠黄河的地方建了一座庙，准备迎接周鼎出现。后来有人找到切实的证据证明新垣平所说的都是假的。究竟这切实的证据是什么呢？史书上没有记载，只知道后来文帝下令杀了新垣平，还抄了他的家，不再热心鬼神之事，连带的改年首、易服色、行封禅之事，也全部停了下来。后来景帝即位，他在位 16 年，一直保持着同样的态度，祭祀的事情由有关机构按旧例进行，并没有什么新的措施。

武帝与封禅

汉武帝即位以后就不一样了，他年纪轻轻就对鬼神之事特别感兴趣，而且汉朝开国已经 60 年了，要改年首、易服色、行封禅大典的呼声越来越高。当时人们提出这种呼吁，可能有这样几种心理：一种是受阴阳五行之说的影响，认为人与天必须一致，才会达到调和从而获得幸福。另一种心理可能认为封禅是一种肯定，是对新朝代、新盛世的承认。汉紧接在暴秦之后，代表秦政的年首和服色如果不加以更改，人们总是觉得心里不踏实。而秦始皇登泰山却封禅不成，也使他们有兴趣看看自己的皇帝成不成。另外还有一种心理，认为封禅肯定了时代，同时也就肯定了行封禅大典的皇帝，既然说受命而有功有德的人才够资格封禅，那么鼓动某一位皇帝行封禅大典，不就是一种歌功颂德的行为吗？表面上说天下已经有多少多少的祥瑞出现，皇帝您应该封禅，以便与天相应，实际上不就等于说您真伟大，天都已经出现这么多祥瑞与您的功德相应了。所以难怪司马相如死前留下一封劝汉武帝封禅的遗书，汉武帝看了之后，又听到左右加以强调，继而“沛然（感动的意思）改容”说：“愉乎！朕其试哉。”这样的马屁可算是拍得很到位。

司马相如是不是临死还不忘拍马屁不是我们所要叙述的重点，我们所要说的是汉武帝确实决定举行封禅大典。当然，这不是因为虚荣心得到了极大的满足后做出的决定，我们前面说过汉武帝是个“内心多欲而外饰以仁义”的人，他的做人处世往往都呈现多面性，表面一套，内心又是一套，但最终他还是会抓住他认为对自己最有利的那套。封禅这件事，他面临着两种人的影响：上面说的存在那三种心理的人是一类，他们希望肯定时代、肯定自己，同时也歌颂皇帝，但大体是在阴阳家设计的理想里思考。另一类人就不同了，他们也和阴阳家有关，但满脑子不是理想，而是幻想、妄想，他们不是要肯定时代,而是要肯定未来。他们不是要歌颂皇帝,而是要引导皇帝,要皇帝透过封禅变成神仙,当然他们也要肯定自己——要获得名利。

对于汉武帝来说,后一种人的想法很符合他自己的心思,他显然认为后者对自己更有利,而且这种心思已经使他到了执迷不悟的地步,司马迁对这一点有很明显的“暗示”。公元前 119 年,有个方士说有办法让汉武帝在晚上看到已经死去的宠姬王夫人。汉武帝一高兴就封他为文成将军,并且以礼相待。这个方士也竭尽所能,为汉武帝设计各种方法与神仙相通,他说皇宫里的东西都没个神仙的样子,神仙是不会来的,然后就为汉武帝画云气车,云气车有五种颜色,每天乘哪一辆都是根据五行之说加以规定的。还建了一座新的宫室,供奉天地泰一诸神(据方士的说法,泰一神是天帝中最为尊贵者)的画像,煞有介事地大祭特祭,可是弄了半天,神仙还是没有出现。这个方士在技穷之余又想出一个怪招,写了很多怪言怪语在绢帛上,把它喂牛吃下,然后假装什么都不知道,指着那头牛神秘地说:“此牛腹中有奇”,命人杀牛剖腹,果然有“奇”。有人认出这是他自己的笔迹,汉武帝一怒之下把他杀了。

通过这件事情,汉武帝对鬼神之说应该有所觉悟了吧。其实不然,他还是对神仙之道存在着强烈的幻想。杀了文成将军之后,反而怀疑自己是不是杀错人了,还一度对文成将军没能完成他的求仙计划感到惋惜。后来又有一个能言善道的方士出现了，汉武帝将文成将军的死说成是误食了有毒的东西，以此来安抚方士之心，免得他们不敢再言神仙之道。这跟之前霍去病射杀李敢，被说成是意外身亡，实在是有异曲同工之妙。汉武帝不会让任何理由阻挡他内心的欲望。

形势非常明显，在举行封禅大典这件事上，求仙派要比报天派强硬得多。而造成这种局面的原因，就是汉武帝自己的欲望，他是这件事情最有实力的支持者，并且一心求仙。不过，朝中主管礼仪的官员没有人知道封禅的具体步骤，当年秦始皇封禅时，也碰到了同样的问题，七十多人对封禅的礼仪议论纷纷，最后秦始皇被吵得不耐烦了，就不管那么多，仿照一般祭祀天地的礼仪，硬着头皮举行封禅大典。那么秦始皇当时的礼仪究竟是什么样子呢？司马迁说："封藏皆秘之，世不得而记也。"根本没人知晓。既然大家都不知道是怎么回事，这种时候就看谁能够舌灿莲花，说出些令皇帝觉得十分有道理的话了。

所谓求仙派和报天派，是按照封禅的目的来区分的。求仙派认为封禅就是为了求仙，而报天派则认为封禅是对上天的一种报告，说明王朝更替，天下太平。报天派的观点是自战国末年以来，社会上普遍接受的观念，秉承这种观念的人多是接受阴阳五行之说的儒生。儒生最重礼仪，最尊崇古礼，但也因此受到了古礼的拘泥，他们最有群众基础，却不太敢有什么天马行空的想法，自然也就不敢说什么。

相反，求仙派本来就一脑子奇谈怪想，想的事情都毫无根据，说的话自然也就漫无边际，甚至可以说是见人说人话，见鬼说鬼话。反正你信就有，你不信就没有，信与不信取决于听的人。说到汉武帝的笃信鬼神，司马迁毫不客气地予以调侃，他描写汉武帝信神君，神君是谁？她不过是长陵（故城在今陕西咸阳一带）的一个女子，因为难产而死，据说死后变成神，在她的妯娌面前现身，于是她的妯娌就把她供奉起来，附近的居民都跑来拜她，据说很灵验。汉武帝的外祖母听说就是因为崇拜她、信她，所以才有了后来的荣华富贵。

汉武帝即位后，常常赐给神君厚礼，并将其迎奉至宫中。后来汉武帝曾一度病重，太医束手无策，倒是问了神君之后才痊愈的，从此他就更信神君了。神君对人的指示“闻其言，不见其人”，声音与普通人一样，时来时去，有时白天说话，但更多的是晚上。汉武帝郑重其事地派人把神君说的话记下来。司马迁说：“其所语，世俗之所知也，无绝殊者，而天子独喜。其事秘，世莫知也。”神君所说的话都是极为平常的、世人所共知的事情，汉武帝却把这些奉为圭臬，还将其记录成书，真是信到极点了！

就是因为汉武帝太相信鬼神之说了，所以尽管曾因发现有诈而杀了方士，但他一直认为方士的方术有假，或者道行不足，但神仙一定是存在的。那些方士一批接一批地出现在汉武帝面前，也一批比一批更能摸透汉武帝的心，也更知道如何在必要时见好就收，浑水摸鱼。于是，求仙派一天天得到了汉武帝的支持，而报天派却一天天失去影响力。这种情况下，封禅大典自然由求仙派策划主持，而报天派只能在底下帮忙打杂了。这种现象的形成过程就是司马谈的一道道催命符。

有一个叫李少君的方士曾向汉武帝说明了求不死成仙的步骤，大概是这样的：祭鳌致鬼物—丹砂化黄金—黄金制成饮食器并加以使用则可益寿—见海中蓬莱仙老—封禅—不死成仙。

我们分析一下这些步骤，益寿以前的三个步骤算是一个阶段，也就是要达成基本条件——长命。先长命然后求不死，如何不死？要见仙人，与仙人沟通，然后行封禅大典。长命才能见到仙人，这表示想见仙人不是那么容易的事，要花很长时间，要有耐性。那么，怎样才算长命？还活着的人根本找不出一个分界点，所以益寿的努力与求仙可以同时进行，益寿长命等于只是以防万一，求仙的人认为自己可能不需要益寿就见到神仙，然后就能达到不死的目的，那就无所谓益寿了。因此，整个求不死成仙的过程中，最急于要做的就是求神仙和封禅两个步骤。

李少君在世的时候，据司马迁记载，他所从事的都是益寿和求神仙的事情，还没有涉及筹备封禅，可见他是把求神仙放在封禅前面的。李少君死后，“海上燕齐怪迂之方士多相效，更言神事矣！”燕国大约在今天的河北、天津一带，与位于山东半岛的齐国同样濒临渤海，同样有一批好神仙的方外之士。他们知道汉武帝好此道，一个个跑来呈献求仙之策，司马迁只记了几个较特殊的人物，例如前面提到的文成将军，他们所做的事大体也以求神仙为主。但元鼎四年（前113年），司马迁33岁时，文帝时那位叫新垣平的方士所说的宝鼎果然在汾阴一带被挖掘出来，据说汉武帝派人相验，证明“无奸诈”，这件事在当时想必引起相当大的震动，因为这是大而重要的祥瑞，呼吁要行封禅大典的声音此起彼伏。

这时出现了一个更聪明的人，他叫公孙卿，他说自己握有申功传给他的书简。申功是懂求仙之术的齐人。公孙卿说书上预言汉朝的圣者“在高祖之孙且曾孙也”，那就是汉武帝。又说宝鼎如果出现了，就到了与神相通、行封禅大典的时候，“汉主亦当上封（泰山），上封则能仙登天矣”，这句话等于在说汉武帝是天命所归，一定能够顺利登上泰山，举行封禅大典。

不过，他接着又说了一段关于仙山及黄帝成仙的故事。这段话的中心意思就是：求不死成仙还有几个条件：第一，必须经常到境内的名山巡游。第二，巡游只是有机会与神仙相会而已，要成仙还得想办法与神仙相通才行。第三，黄帝学了一百多年才与神仙相通，所以必须要有耐心，还要有决心，不能理会他人的非议。这三条等于是把求仙变成了一个无限期的“大事业”，比最初李少君所说的“海中蓬莱仙者可见，见之以封禅则不死”似乎要复杂得多。不过这个说法汉武帝接受起来并没有什么难度，因为他已经求仙求了20年还没有成功，这不是恰好验证了求仙是个复杂的事情吗？

尤其公孙卿提出来的说法，又是黄帝，又是五大名山，又是一百多年，人物、地点、时间等说得头头是道，比其他说法具体得多，难怪汉武帝听了兴奋地说：“吾诚得如黄帝，吾视去妻子如脱屣耳！”

《史记·封禅书》记载汉武帝真正决心并下令筹备封禅大典时，是这样写的：“自得宝鼎，上与公卿诸生议封禅。”可见是获得宝鼎后才做出决定的。好大喜功如汉武帝，怎么会在登基之后27年，并已经痛惩匈奴14年后才下此决心呢？

方士论调的适时改变，应该是有影响的。

公孙卿算是一位未出大纰漏而能保长命的“聪明”方士，他出的点子汉武帝大多都会采纳。他那席话获得汉武帝的欢心之后，汉武帝就封他为郎，命他到太室山（河南境内，中岳嵩山的一部分）去“候神”，等神仙一出现就立即请汉武帝前去。汉武帝本人则依照他的说法，准备到各名山及其他黄帝去过的地方巡游。

元鼎五年（前112年），34岁的司马迁也在侍卫队中，随圣驾到雍城（今陕西凤翔南部）。之后继续西行，越过陇山，到崆峒山。现在的崆峒山海拔两千多米，司马迁在《史记·五帝本纪》中写道：“余尝西至空桐（崆峒）。”指的就是这一次。又说：“（黄帝）西至于空桐，登鸡头。”一般认为空桐是地名，而鸡头是山名，崆峒山又叫鸡头山。那么，鸡头山是否就是现在的崆峒山呢？有人认为不一定。这不是我们要考察的问题。总之，汉武帝怀着求仙的心情而来。司马迁则趁这个机会，问当地老人一些有关黄帝的传闻。

从崆峒山回来，又到了长安西北方，今陕西淳化县西北的甘泉山，这是方士口中的圣地，他们说黄帝曾在此“接万灵”。汉武帝在这里建了一个祠坛，据说祭祀的时候，“祠上有光”。司马迁以太史令主管天时星历及祭祀时，曾与同僚奏请在甘泉山设立固定的祭祀地点和时间。此后，甘泉山成了西汉时代祭祀天帝神祇最重要的圣地。

奉使西南

崆峒之行后一年，即公元前 111 年，35 岁的司马迁以郎中的身份“奉使西征巴蜀以南，南略邛（西昌）、笮（汉源）、昆明（今云南保山、腾冲、顺宁等地）”。这件事关系到汉武帝经营西南的方针。西南一带按照现在的行政区划，包括云南、贵州、四川等省。汉武帝注意到西南边境的问题，是因为之前东南边境的经营经验。公元前 135 年，汉平闽越（福建）后，派人劝说南越（两广及越南）归顺，使者到了南越后才知道南越西北还有夜郎国（今贵州北部），这时南越还没有并入大汉的版图，有人建议与夜郎国联合起来以制南越。汉武帝就派人率兵南下，恩威并施，使夜郎国和它旁边的小邑归属汉朝。

当时蜀人司马相如认为邛及笮可以仿照南越、夜郎的管理方式，于是汉武帝命司马相如前往劝说那些小邦归顺，邛、筰由于贪图汉朝的赏赐也就答应了，汉在这里设了十几个县，隶属于蜀郡。后来，这些西南边境小国竟在汉朝全力抗击匈奴时，趁机反叛作乱。汉武帝无暇顾及，也就放弃了这里的经营。

到公元前 126 年，司马迁 20 岁时，历尽千辛万苦终于回到长安的张骞带回了一个消息，这个消息又引起了汉武帝对西南边境的兴趣。张骞说他在大夏时（今中亚阿姆河一带），曾看到邛产的竹杖和蜀郡产的布，大夏人说那是从印度买来的。他们听说这些东西都是中国原产的，表示非常仰慕中国的文化和技术，只是被北方匈奴阻挡，无法互通有无，如果能够打通蜀郡，经由印度，就可以互相通商了。

四年后，汉武帝派遣使者，计划从西南通印度以连大夏。结果西南边境的少数民族从中作梗。滇国和夜郎国的君主问汉使者："汉朝大还是我大？"一个个都是不服气的样子。汉使者只好如实回报汉武帝，并强调滇国地域还算辽阔，值得经营。《史记》中描写汉武帝听了后，就又开始注意西南边境了。

十年后，公元前 112 年，即司马迁随圣驾到崆峒那年，南越反。这一年距离卫青、霍去病最后一次大规模征伐匈奴已有七年，那次征伐迫使匈奴远遁，此后北方二十多年来没有大规模战事，汉军虽然因失去大量马匹而实力受损，但对付南越还是绰绰有余。

平南越时，汉朝除了派水师从今湖南、江西南下以外，也以宗主国的权威，命西南边境各国助阵。其中有个小邦，大概在今贵州贵阳东北一带，说怕邻国会在它发兵时趁火打劫，拒绝出兵助阵，还斩杀了来使。

第二年，南越平定，汉设九郡管辖。汉武帝想起来西南边境小国昔日对他的冒犯，便派曾随卫青出击匈奴的郭昌等人攻击西南，杀了好几个小邦的君主。西南诸邦这才如梦初醒，纷纷请求归顺。

司马迁所说的“奉使西征巴蜀以南，南略邛、筰、昆明”，指的就是这个时候。他去做什么呢？《史记》中并没有详细记载。但我们可以推测一下，他的任务应该和当年的司马相如差不多，即汉军杀了几个小邦君主以示威严之后，由他——可能还有其他人——去劝说其他小邦君主乖乖归顺汉朝。结果，邛、筰两地很快被纳入汉朝的管辖范围。滇国起初仍不服，两年后被汉武帝用武力征服。

从汉武帝派司马迁代表朝廷去招抚夷邦一事看来，司马迁在当时还是相当被器重的。而崆峒之行和这次奉使西南，正好把20岁那年的游历没去过的地方补了起来，司马迁等于游遍了当时的整个中国。

这时，效法黄帝“且战且学仙”的汉武帝一面注视战局的进展，一面进行他的求仙“大业”。先前，他决心举行封禅大典，然后命儒生草拟仪式步骤，结果五十多个儒生各说各话，弄了几年也没有弄出个结论。他们试图从《尚书》《周官》《王制》等古籍中寻求依据，可是那时候可能根本就没有封禅这回事，祭天地的典仪倒是有不少，于是他们有意拿来参考，可是又没胆量按照现实的发展予以变通组合，或是加上无依据的创意，所以迟迟没有结论。

汉武帝为此非常烦恼，公孙卿等方士又不知道从哪里得来的说法，说黄帝以及上古君王行封禅后都能与神相通，这更令汉武帝着急了。他曾问一个儒生的意见，这个儒生被班固形容为“以称意任职”，是个懂得做官的人。他对汉武帝说，封禅这种大典是非比寻常的大礼，古经籍里都不会有记载，这种事情要由“圣主”做最适当的裁决，自行制定。如果任由众臣各执一词，争论不休，最后一定无法成事。所以请汉武帝“建中和之极，兼总条贯，金声而玉振之，以顺成天庆，垂万世之基”。这就是说有汉武帝这样的圣德，以他与天相应的智慧，要怎么办就怎么办，完全可以为后世开创一个范本出来。

汉武帝听了，自是欢喜非常，于是决定“自制仪”。既然要自行制定，当然交给方士们来做是最便捷的，他们反正也不受什么约束。但也不能全听他们的，不然难免要让天下人耻笑，所以还是要“采儒术以文之”，仍然得拿儒学来装饰门面。

汉武帝本来要“外饰以仁义”，敷衍一下天下人，同时也给儒者留点面子。可是那些儒生仍然一板一眼，绝不违背他们所信仰的古礼。当汉武帝把一些可能是方士所制的礼器拿出来叫他们发表意见时，有儒生说“不与古同”，这下使得汉武帝对儒生的迂腐实在忍无可忍了，干脆下令“尽罢诸儒不用”。从此，封禅大典摆明了由方士们唱主角了。他们一直追求的名利终于到手了。

汉武帝下定决心举行封禅大典之后，相关的筹备工作就在加紧进行。也不知道是谁提的建议，说古时候在行封禅以前要“振兵释旅”，也就是要把部队整而罢之，杀伐的事情要先停止。

这时南方战事大体已经结束，汉武帝最在意的还是北方的匈奴，于是，他勒兵十八万，出长城，到河套北岸一带，旌旗连续千余里，神气活现地对匈奴示威一番。还派使者到匈奴单于帐内威胁单于：“南越王的脑袋已经悬在大汉的宫门上了，现在，单于你要是还能战，大汉的天子正在边境等着，你来好啦！如果不能战，干脆投降，向大汉称臣，何苦在寒苦无水草的沙漠中逃来窜去！”单于听了大怒，斩了主张接见汉朝使者的人，并扣留了汉使，但也将臣民、军队迁移到北海（贝加尔湖）之北，不敢再侵犯边境一带。

汉武帝得意地回兵南下到桥山（陕西中部）祭黄帝冢，然后罢兵。他曾疑惑地问：“黄帝不是不死的吗？怎么会有坟墓？”

公孙卿很机智地回答；“黄帝已成仙登天，这个坟墓是众臣思慕他而建，葬的是他的衣冠！”

汉武帝对这个答案非常满意，还感慨地说：“这么说来，将来我要是成仙升天了，众臣也会把我的衣冠葬在东陵（汉武帝已经为自己修好的陵墓，叫茂陵，因在长安之东所以也叫东陵）了？”

这是冬天的事情。到了春天，大队人马正式展开封禅有关的活动，他们的第一站是公孙卿持节候神的太室山，之后就是行封禅大典的泰山。不过按照方士的安排，就如同当年秦始皇封禅一般，在正式举行仪式之前要先东游海上。

父亲的遗命

完成出使西南使命的司马迁立即赶回洛阳向汉武帝汇报。按照时间推算，这时候汉武帝正好经过洛阳，太室山就在洛阳东南。司马迁赶到洛阳，没有看到汉武帝的封禅队伍，却意外发现他的父亲太史令司马谈被留在洛阳没有随队东去，而且奄奄一息，情况十分不好。关于这件事，司马迁是这样记载的：“是岁，天子始建汉家之封。而太史公留滞周南（洛阳），不得与从事，故发愤且卒。”

由这个记载，我们可以看出司马谈应该是气愤而死，而不是生病。那么，他为什么气愤呢？我们前面一直在说封禅和汉武帝的求仙事迹，为的就是将司马谈之死的背景充分解释清楚。司马谈的死之所以要费这么大周折来充分了解，是因为这件事对司马迁的一生有着极大的影响。

首先，我们先看看司马谈和封禅的关系。他所担任的太史令隶属于三公九卿中的太常，太常主管宗庙礼仪，其下属除了太史令之外，还有太乐、太宰、太卜、太医等。这时候的太史令与后世所认识的史官还不完全一样，根据《后汉书·百官志》的记载：“掌天时星历，凡岁将终，奏新年历；凡国祭祀丧娶之事，掌奏良日，及时节禁忌，国有瑞应，掌记之。”由此可见，这个官职是与天文、宗教合而为一的。那么，封禅这种祭典的筹划和进行自然是太史令的职责所在，也是太常所领导的“单位”理所当然的主要职务。

前面我们说过，没有官员知道封禅的具体步骤和程序，所以汉武帝的随行队伍中还有一些最重礼仪的儒生参与协办。汉武帝宠信的方士们虽然是封禅的主要推动者，但他们没有实际的职务，所以只能算是与儒生相对的协办人员。在这种三角关系中，太常的立场就有点微妙了。很显然，除了一部分在当时已被普遍接受的阴阳家的观念之外，太常和方士是难以和谐共处的。尤其方士的求仙谬论和其时常的无根据的怪诞说法，太常肯定不会苟同。相反地，他们与儒生之间倒是有可能志同道合，因为太常掌管宗庙祭祀，他们敬重的就是天，就是祖宗。既然敬重祖宗，他们自然也会尊重祖宗的传统和祖宗留下来的规矩。这与儒生的礼仪观念是一致的，因此，在这场礼仪的争论中，太常与儒生势必会站在统一立场上，联合起来与方士对抗。司马迁的立场与太常是一致的。

司马迁记载汉武帝尽罢诸儒时，提到一位博士徐偃，他曾对汉武帝说："关于礼仪的执行，太常和儒生们其实不如鲁国人士做得好。"于是一位鲁国的儒者周霸被请来协助封禅的筹备事宜。结果，当汉武帝不耐烦地决定罢诸儒时，徐偃与周霸都被罢黜。从这段记载中，一方面可以看出太常与儒生是执行礼仪的设计人；另一方面也可知道，汉武帝虽然十分生气罢了儒生，改由方士规划封禅大典，但并没有气到连太常也不用，因为再怎么样他们也是公认的祀典执行人，而方士所谓的规划不过是在其中加上一些求仙的东西，很多基本的仪节还是要太常及其属官筹划。

我们看后来实际的封禅大典中，祭泰山和祭梁父采取的都是原来就有的礼仪，只有在泰山祭台下所谓的"玉牒书"很神秘，司马迁说不知道其中写了些什么，论性质应该是祭祀时用的祷词之类的东西，而一般祭祷词是公开的，有人怀疑那就是方士安排的登仙祷词。

由此我们可以推断，当封禅队伍从长安出发时，司马谈仍然以掌祭祀的太史令的身份随队而行，这时他还是执行礼仪的重要角色之一。在停留洛阳期间一定发生了严重的意见冲突，使得司马谈被留在洛阳而失去了参加封禅大典的机会。

究竟是什么冲突呢？从时间和地点的因素上来看，大队人马很快就要到太室山了，马上就要进入大典执行的初步阶段，一行人一定在洛阳对包含太室山以后行程的诸多细节有所探讨以及做最后的决定。在这种场合，司马谈一定会站在自身的立场发言。他们讨论的应是礼仪问题，但礼仪如何安排自然要受到礼仪所含的意义的影响。

关于封禅的意义，相信全天下除了汉武帝和方士之外，不会再有其他人认为这是为了求神仙。因为报天意义的封禅，如前所述，可以让每个人肯定自己的时代及幸福，而求神仙不过是满足个人的私欲而已。不管怎么说，司马谈不可能跟方士一般见识，而且还会以史官的执着对变质的封禅步骤安排提出意见。这种意见也许是汉武帝直接听到的，也许是他间接听到的，但在那个方士环绕的背景下，司马谈必定难逃触怒汉武帝而被罢黜的命运。于是，他被留在洛阳，他气得倒在床上,拉着司马迁的手哭着说:“今天子接千岁之统，封泰山，而余不得从行，是命也夫！命也夫！”

他到临死仍强调封禅是“接千岁之统”的报天大典，连续的“命也夫！命也夫”表现出他对自己不能参加这件大事的遗恨。当然，更令他气愤的是他怀着史官的责任感和使命感，眼看着封禅被神仙化却无力拦阻。他能做些什么呢？现在剩下的只有那支史笔，还有他未完成的写史计划，他把一切希望寄托在儿子司马迁的身上，他用他生命仅存的一点力气说出了他的临终之言，这段遗嘱非常重要，全文如下：

余先周室之太史也。自上世尝显功名于虞夏，典天官事，后世中衰，绝于予乎？汝复为太史，则续吾祖矣！今天子接千岁之统，封泰山，而余不得从行，是命也夫！命也夫！余死，汝必为太史：为太史，无忘吾所欲论著矣。且夫孝始于事亲，中于事君，终于立身，扬名于后世，以显父母，此孝之大者。夫天下称诵周公，言其能论歌文武之德，宣周邵之风，达太王王季之思虑，爰及公刘，以尊后稷也。幽厉之后，王道缺，礼乐衰，孔子脩旧起废，论诗书，作春秋，则学者至今则之。自获麟以来四百有余岁，而诸侯相兼，史记放绝。今汉兴，海内一统，明主贤君忠臣死义之士，余为太史而弗论载，废天下之史文，余甚惧焉，汝其念哉！

我们来分析一下这段遗言的意思。

首先，他说太史是司马氏的祖业，在他之前已经中衰好几代了，他唯恐自己一死，又要中断，所以希望司马迁能够继续这个事业。然后他很肯定地认为他死后，司马迁必会被任命为太史令，承袭他的职位。既然如此，他对儿子提出了自己最大的期望，希望他能够在太史令任内完成他想做而已经没机会做的“论著”计划。提出这个期望后，以下的话等于是对这个期望的强调和解释，他先引用《孝经》的话，表示司马迁如果能够完成他的期望且扬名于后世，以显父母，站在他个人的立场上，等于是司马迁已对他尽了孝。而站在文化的立场上，那意义可就大了，他说周公之所以伟大，是因为他能延续周朝祖宗的德风，以《尚书》和《诗经》流传于后世。而周幽王和周厉王以后则是依靠孔子把几乎要衰亡的文化历史加以整理流传于后世的。孔子所作《春秋》，从其记事的最后一年到汉朝，中间不但同样历经乱局，而且已经由乱而定，更应该有人继孔子之后加以延续历史文化。从这个观点来看，司马谈交代司马迁要从事的工作是延续文化的大事，是希望他能做第二个孔子。

司马谈“所欲论著”的东西，或许在平日就已经对司马迁说过，司马迁可能也已经有所了解，更有可能已经实际参与其事，他的东南游历很有可能就是帮父亲搜集资料。但在这种生离死别的时刻，垂危的父亲激愤并哭泣地拉着儿子的手面授遗命，这一句一字，句句震撼其胸，字字刻骨铭心！

在那个大时代里，以司马迁的才华必定会有一番作为，他对自己的前途也一定有过很美好的想象。父亲的遗命虽不敢说将其固定在某一个方向上，但毫无疑问会在他心里埋下一颗坚实的种子。这颗种子除了包藏着延续文化的使命外，还包含着他父亲的激愤，以及这份激愤背后、在权势摆弄下所产生的荒谬和不平对他的冲击。

36岁的司马迁听了父亲的遗命后，俯首流涕地说：“小子不敏，请悉论先人所次旧闻，弗敢阙。”他答应了。于是，这颗种子成为日后他遭逢一生中最大的灾难时还能苟活于世的唯一力量，是燃亮他生命之火的唯一火种。

《史记·封禅书》最后说：“余从巡祭天地诸神，名山川而封神焉。入寿宫侍祠神语，究观方士祠官之意，于是退而论次自古以来用事于鬼神者，具见其表里。后有君子，得以览焉！”

这段评语是说，司马迁参与了汉武帝的巡游祭祀和封禅大典，他亲眼见到汉武帝信奉的寿宫神君附巫者之体而传神语的现象，然后透过这些现象看到了求神仙的本质，能够“具见”自古以来用事鬼神的种种“表里”。这个“具见其表里”正说明了司马迁写《封禅书》的主旨，他冷眼旁观那一幕幕各怀鬼胎的鬼神闹剧。那些方士、祠官表面上是在祭祀鬼神，实际上不过是为了逢迎主上，以求名利。而汉武帝表面上是因为符合受命、功至、德洽、暇给四大条件，以至应天人的殷望，行封禅大典，实际上不过是希望借由封禅这个行为求仙，以达到长生不死的目的。如此这般的表里尖锐对照，正可为他父亲的“气愤”而死找到最佳的诠释，也是汉武帝“内心多欲而外饰以仁义”的又一个证明。

随圣驾游历

司马谈对儿子说出这番临终遗命后，究竟是马上就逝世了，还是一直缠绵病榻，司马迁并没有详细记载，但他既然用了“且卒”二字，恐怕司马谈也没有拖很久。司马迁可能在洛阳就为父亲办了后事，然后因为任务在身，继续追赶封禅的大队人马，以便向天子回报奉使西南的成果。

司马迁有没有赶上太室山的祭祀，无法考证，但泰山封禅以后的行程他是赶上了。不过，他可能没有机会看到全部实况，只看到了一小部分。也许汉武帝为自己以封禅求仙的心理感到有点心虚，万一重蹈秦始皇的覆辙，在登泰山途中受阻，那不就贻笑天下了吗？登顶泰山是这次封禅的最后一个程序，即在泰山下的祭礼完毕后登上泰山顶，汉武帝仅带了一个最心腹的贴身侍卫随行，且“其事皆禁”。他们在山上做了什么，发生了什么，没有人知道。接下来就是群臣和方士们的道贺，方士们说既然天子登泰山没有碰到风雨阻挠，那就表示神仙“若将可得”，差不多可以求到了，鼓励汉武帝继续努力。

这之后，司马迁跟着大队人马东至海上，观看汉武帝求见蓬莱仙的活动。这时，先前单独一人陪汉武帝登上泰山的贴身侍卫突然暴毙。神秘的祭典，神秘的死了人，谁也无法准确地说出这个贴身侍卫为什么而死，他年纪轻轻，也只好用“暴毙”二字了。但据说方士们都认为这位贴身侍卫是得道成仙去了，所以大家不必惊慌，也不必伤心。这种说法实在让人难以相信。

司马迁又随大队人马从东边海上转到碣石山，碣石山究竟在现在的什么地方，有好几种说法，甚至有的说法认为它已经沉没海中。大概的位置在今河北东北、山海关以南沿海一带。从碣石山北上，经辽西（今辽宁西南一带）沿着长城到五原（今内蒙古包头西北），然后南下到陕西中部的甘泉，那也是方士口中的圣地。

从四月封禅泰山、梁父，到甘泉才五月间，只花了一个月时间，走了一万八千里。这次旅行对司马迁来说，收获最大的就是目睹了万里长城，也亲眼看到了令燕、齐之士产生奇特幻想的东方海边。他在《蒙恬列传》中说，他从北方边境经直道至甘泉而回长安。

直道是公元前 212 年，秦始皇驾崩的前一年所筑，从五原直通甘泉。司马迁说当年秦始皇初灭诸侯，天下之心未定，百废待兴，在那种情况下，蒙恬以一个名将的身份，没有想到开疆辟土的事情，而是请秦始皇先解决社会民生问题。可惜秦始皇没有听从他的意见，一味地滥用民力，修筑长城和直道，到最后蒙恬兄弟均被杀或自尽，“不亦宜乎？”

这一段感慨大概也是因为此次旅游才触景而生吧！这一年是元封元年，即公元前 110 年。除封禅之外，司马迁也目睹了汉武帝财经政策的成果。

汉武帝为了推行他的雄图大略，将行政实权授予法家人士。法家有一个重大的责任就是要尽可能地开源。其方法大概可以归纳为两类：一是扩大苛捐杂税；二是加强经营国营事业。后者又分为专卖的与非专卖的国营事业，实行专卖的有盐、铁、酒；非专卖的则有均输和平准两法。均输是各郡国每年按规定应该献给皇帝的土产，不必运到京城，可以交由设在各地的均输官转运到市价比较高的地方去卖，收入归中央。平准是在京城设立平准局，搜罗天下各地的各种货物，价钱便宜的时候买进来，价钱贵的时候卖出去，一方面可以平抑物价，一方面政府可以从中获得利润。为汉武帝主持这些财经政策的是洛阳商人之子桑弘羊，他很了不起地使国家财政在汉武帝的挥霍下不致枯竭，并使物价保持平稳。

公元前110年，正是平准法施行见其成果的一年，司马迁亲眼见证了这些结果，并在《史记·平准书》中写道："于是天子北至朔方，东到泰山，巡海上，并北边以归。所过赏赐，用帛百余万匹、钱金以巨万计，皆取足大农。"大农就是大司农，是九卿之一，主管全国财政。

这次封禅大典以后，经辽西，沿长城，到五原，然后由直道回甘泉、长安的巡游，巨大的花费和日常赏赐等都得益于平准法的施行。不过，这种以吏为商、与民争利的办法不是长久之计，渐渐地会产生一些弊端。司马迁的《平准书》就是观察这些现象所做的纪录。

元封二年，即公元前109年，方士公孙卿说他见到了蓬莱山的神仙，神仙说想见天子。于是司马迁又有机会随圣驾东巡。东巡先到洛阳，然后到蓬莱山，留宿了好几天，也没有遇见什么神仙。

那年干旱，汉武帝回程途中在掖县（今山东莱州）求雨，然后又去祭泰山，祭完泰山来到今河南濮阳县。22年前，即公元前131年，司马迁15岁时，黄河曾在此决堤，大水流向东南，汉武帝命人治河。当时的宰相正是汉武帝母亲的同母异父弟田蚡，他有一部分封邑在黄河以北，黄河在此地的决口在南面，他的封邑幸免于难，于是他对武帝说："江河之决皆天事，用人力加以强塞，未必能与天意相应。"另外一些人也持同样的看法。

后世研究者认为，田蚡这个见解是"老成谋国之言"，是为私利而阻止塞河工程。不过，他的看法对汉武帝产生了很大影响，此后二十多年间，汉武帝没再理会这个问题。

这年干旱，汉武帝先命汲仁、郭昌率数万人去进行塞河工程，等他祭泰山后来到这里，就命令所有随行的群臣、侍卫，从将军以下，一律带着薪柴或竹子，在黄河决口处形成一道"墙"，并把土石填在里面以塞黄河。还有一种说法是汉武帝当时命令群臣、侍卫用竹片编成长 40 寸，大 45 寸的袋子，里面盛石子，由两船夹载到适当位置下水填塞，这种工程叫做"下竹楗"。

这次天子亲自领导的塞河工程就是史上有名的"负薪塞河"。司马迁也实地参加了。汉武帝除了命人塞河之外，还亲自主持祭河仪式，把白马玉璧投入河中，并且还特地做了一首关于黄河的歌谣。

承父业，任太史令

太史令

司马谈在临死时对司马迁说:“余死，汝必为太史。”“负薪塞河”的第二年，即元封三年（前 108 年），38 岁的司马迁果然被任命为太史令。这一年，距离卫青、霍去病最后一次大规模出击匈奴，使其远遁，已有 11 年。距南越平定也已三年。东北的少数民族方面，这一年汉朝灭了朝鲜卫氏，在其地设四郡。西域方面，这一年击破楼兰、车师两国，从此汉使西行可以无阻。另外，今青海及甘肃西南部、四川北部一带的西羌也已平定三年。

所谓太史令，在战国以前并没有这个官职，只有太史。在周礼中，太史掌邦礼，以事神为主。司马迁说他的祖先是“文史星历，近乎卜祝之间”，指的就是古代太史的性质，其最初的职务是记言记事，古人最重视鬼神灾祥之事，所以太史也记天事，古代史官与历官是没有什么区分的。汉朝距离周代很近，这种风格仍然保存，太史令也负责祭祀、星象、灾难的记述工作。

说到司马迁担任太史令，就会使人联想到他写的《史记》。

是的，担任太史令与写《史记》确实有很大关系，但并不是说司马迁当了太史令才去写《史记》，太史令这个职位只是给他写《史记》提供了一些便利。

史书还有广义和狭义上的区分。广义的史书泛指可以作为依据的记史之书。狭义的史书则是有组织、有体例的。依照狭义的概念来说,编年体的《春秋》才是中国的第一部史书。为什么我们不能说司马迁担任了太史令就必须写史书呢？因为在汉朝，还没有官方修史的制度，真正的官方修史，直到唐朝才出现。

那么也就是说，古代所谓史官掌管星历及记言、记事，其所记的言与事，用现代的话说，不过是史料而已，并没有加以系统化而形成一本史书。这可能是因为没有官方修史的制度，所以史官还没有这个责任。不过更深层次的原因是史书的体例还没有发明。孔子作《春秋》时立下了编年体的典型，到了司马迁，则开创了以人物为中心的纪传体。

司马迁是创新者，而不是依例行事，或依职务办理。《史记》不是他的职务作品，而是他个人的私家著作，是接受父亲遗命的结果，可以自比于孔子修《春秋》。当然，其中也有他个人受了挫折和侮辱而发愤图强的因素。事实上,《史记》并不是在司马迁担任太史令期间完成的，与太史令的职务并无职责上应该或必然的关系。不过，太史令这个职务确实是他完成《史记》不可或缺的条件之一。因为这时的太史令除宗教方面的职责之外，还负责保管官方典藏的文书及历代史料，因为要负责记载当代时事，地方各级政府的政务报告在呈给丞相的同时，也要分送一份给太史令，作为记录的依据。这些资料是写史必需的材料，也是民间无法接触到的。这些都给了司马迁别人无法得到的便利，所以说司马迁担任太史令才有办法或比较有可能写成《史记》。因此司马谈的遗命中才说："为太史，无忘吾所欲论著矣！"把"为太史"作为"论著"的先决条件。

司马迁其人也是太史令这个官职的分界点。司马迁是最后一任的集宗教、星历与记言、记事合一的史官，在他以后，两者就开始分道扬镳，太史令只管占候星历，而不管记言、记事的文史之责。唐朝设司天台，其主管叫司天监或太史令；明朝改其为钦天监正，这很符合它的实质内容。至于记言记事的史官，从司马迁以后就不叫太史令了，而叫著作郎、起居史、起居舍人等，分工较细。到元朝以后，又以翰林院兼掌修史之责，所以明、清两代的士子如果入了翰林，往往自称"太史氏"，又署其门为"太史第"，他们所谓的太史变成了汉朝以前太史的意义。

《史记·太史公自序》写到司马迁被任命为太史令时说："而迁为太史令，紬史记石室金匮之书。"石室金匮就是国家藏书之处，紬就是阅读而加以整理。看来，这应该是令他兴奋而感到丰富多彩的生活。

另一方面，太史令也管祭祀之事，汉武帝因为敬鬼神、求神仙，经常到处巡游，祭祀名山大川，不论是站在管祭祀的立场，还是站在管记事的立场，司马迁都要随圣驾出行。他上任的第二年，就又随汉武帝巡幸各处，这次巡游大概到了今陕西、甘肃、内蒙古、河北、北京一带。

次年，即元封五年（前 106 年），汉武帝又南巡，司马迁随行。先到南郡（今湖北一带），又到了今湖南的九嶷山，相传舜葬在这里，于是汉武帝在这里举行了祭祀。然后到天柱山（今安徽东南部），从浔阳（今江西九江）改经水路到枞阳（今安徽桐城东南），随从队伍十分庞大，《汉书》上说江上“舳舻千里”。51 岁的汉武帝据说还亲自射杀了江中发现的蛟。后又经过鄱阳湖，沿途巡礼名山大川，向北到琅琊（今山东东南）及山东沿海，再到泰山，汉武帝还学习古代天子，在这里大会诸侯王、列侯，并接收各郡国呈报的账目。

这一年，大将军卫青去世，这似乎是汉武帝时代盛极而将衰的讯号，一代名臣、悍将多半已去，李广、霍去病已死了十几年，那位协助汉武帝严厉控制天下的法家人物张汤也死去将近十年。而卫青的去世，使汉武帝感到人才凋零，于是他以“盖有非常之功，必待非常之人”而下诏求才。

这年前后可说是汉朝人才交替的时期，司马迁接替父亲成了太史令。外戚方面，卫氏时代早已结束，卫青的死等于是给卫氏的显赫一时画上了一个句号，取而代之的是李氏。抑郁的关西军人，李广的第三代，已经长大成人，也准备在下一幕的汉、匈战争中登场。而这三方面的“不期而遇”为司马迁后半生遭逢的悲惨命运揭开了序幕。

《史记》

太初元年，即公元前104年，司马迁42岁，有两件重大的事情正在发生。其中一件是完成于这一年，另一件则是开始于这一年。

完成的那件大事就是太初历的制定，我们前面说过，按照阴阳家的说法，人类的活动要与天相应，新朝代的创建就是五行之德轮值的反映。秦自认为属水，于是所有的制度都与水相配合，包含以十月为岁首、色尚黑、数用六等。

汉朝属于五行中的哪一种元素呢？文帝时，公孙臣主张属土，后来在甘肃出现黄龙，确是与土相应，此后就没有什么争论。照阴阳家的说法，土胜水，正好是汉代秦的反映。人们对汉朝属土已没有什么异议，所有人疑问的是什么时候改制。

这一年是汉武帝行封禅大典的第七年，司马迁、公孙卿等人向汉武帝建议："历纪坏废，宜改正朔。"于是正式进行改历工作，主办人无疑是主管天时星历的太史令司马迁。最初由司马迁与公孙卿及其他一些人组成了筹备小组，后来他们发现以他们几个人的能力还无法完成改历的推算工作，于是向社会各界招募人才。结果招选了二十多人，其中较重要的人物有邓平、唐都等，还有一位有如神仙般的隐者。他们是如何工作的，我们不得而知，最后的诏令指示采用邓平所推算的历法，又经过了一道复核手续后才终于定案。汉武帝任命邓平为司马迁的副手太史丞，他还想任命那位隐者为侍中，可是隐者不接受。

这部太初历并不只是把正月定为年首（改正朔）而已，而是在以前历法的基础上进行了全盘的改订，它奠定了我们现在所使用的阴历的基础。除了改历以外，还正式宣布色尚黄、数用五、更官号、协音律。所谓数用五，例如官印要用五个字，丞相印刻成“丞相之印章”。更官号，例如改郎中令为光禄勋等。

说到汉武帝下令改历的动机，因为其中有大批方士的参与，我们不免存了一个疑惑，这是否又与求神仙有关呢？

第一个让我们觉得可疑的是，按照阴阳家所说的盛衰循环的步骤，圣人受命后天会降符瑞，天降符瑞后就要摧五行定制（即改制度以相应），然后再行封禅，即告成功。可是汉武帝的做法，是先封禅，七年后才改制度。即便是同样求神仙的秦始皇也是在先改制度后行封禅的。汉武帝的这个做法很可能也是受方士影响的结果。至于到底是如何影响的，还找不到明确的证据。司马迁在《史记·历书》中虽然叙述了太初历的制定经过，但实际上也是语焉不详。

我们前面的叙述，有不少是《汉书》中的记载。司马迁只说："至今上即位，招致方士唐都，分其天部；而巴落下闳运算……"在改历过程中占有相当大分量的邓平却只字不提。

还有，《汉书》中司马迁与公孙卿向汉武帝建议改制的故事，在《史记》中也没有记载，仅在《韩长孺列传》最后的评论中提到"余与……遂定律历"。这样两相对照之下，其中有什么隐意吗？我们看看司马迁记载汉武帝决定改历时说的一句话，也许可以给我们一些答案。汉武帝说："盖闻昔者黄帝合而不死……"合即作、作历的意思，历终而复始，无穷无尽，所以"不死"。原来方士所说"黄帝造历得仙"是取历可以随天地年复一年，永远循环下去的意思。可见汉武帝下令造太初历，还是与神仙有关。只是我们还没有办法找到确实的证据，证明他是在方士灌输给他某些观念以后，才决定制造新历法的。

尽管皇帝的动机有些让人怀疑，仍并不影响事情本身的价值。司马迁站在职责的立场，指出原来的历法"坏废"必须更正，也已经表示这个改历行动有其必要性。只是，易服色、改正朔一事，贾谊早就提出来了，这么多年之后才得以实现。还是在封禅之后才决定实施，实施的时候又有部分专以求仙为务的方士参与其间。在这种情形下，著作时间在前的司马迁的《史记》和其后的班固的《汉书》相比，这些不一样的记载可就颇值得玩味了。

除造太初历之外，另一件发生在同一年的大事，就是司马迁开始执笔撰写《史记》，这部旷世巨著一共 130 篇，52 万多字，从这一年算起，大约花了 14 年时间才完成。有关它的研究两千年来不曾断绝，不断有新的说法出现。我们在此只简单略述一下这部著作的气势和心胸。

时间范围：从黄帝写到汉武帝年间，即司马迁执笔的时候，也就是从古到今，前后两千多年，是一部“通史”。

空间范围：东起朝鲜半岛，北自西伯利亚贝加尔湖以南，西至里海东部，西南到印度，南至越南。也就是当时汉人眼中的世界。他是想写一部世界史。

人物范围：有帝王、后妃、王侯、贵族公子、官僚、政客、学者、军人、刺客、游侠、循吏（好官）、酷吏（恶官）、商人以及戏子、算命的等各阶层、各行业的人。

事类的范围：有政治、军事（律书）、宗教（封禅书）、经济（平准书）、音乐（乐书）、天文星象（天官书）、历法（历书）、

韩城司马迁祠

水利工程（河渠书）、社会民情（货殖列传）、国际外交（四夷传）等人类各方面的活动。

另外司马迁创立了一种新的体裁：传记分为三类，“本纪”写帝王、“世家”写诸侯、“列传”写各种名人。除传记外，还有“表”，包含帝王、诸侯、将相、名臣的年表；“书”，记述经济、文化、制度各方面的活动。如此经纬交织而成的严密体裁后来为历代正史所遵循，隋朝之后，《史记》更是被奉为正史之祖。

这一年，距离司马迁被任命为太史令已满四年，在第五年，他已对“石室金匮”中的图籍做了相当程度的整理，而且正逢国家易服色、改正朔、颁新历，这是一个很重要而明显的历史分界点，于是他选择这一年为叙事的终点，并从这一年开始执笔。当然，在此之前，司马迁早已在心中拟好了不少构想，甚至可能有些部分已有草稿。

李陵案序幕

开始执笔写《史记》在司马迁的人生中是最重要的事，这年之后，汉武帝还是一样的敬鬼神、求神仙，还是经常巡礼名山圣地，司马迁也一直随行。不过这些并没有妨碍他的写作，相反还因为接近各种历史遗迹，可以探访地方遗老，而使他的写作更为活泼充实。

本来照这样发展下去，司马迁会有一个安静而不寂寞的中年，可是五年后的李陵案几乎断送了他的生命和事业。这件事改变了司马迁的一生，同时也赋予了他一种生命的原动力，为他的事业增添了一种宿命式的冲击。我们有必要来详细了解一下李陵案的始末。

自从公元前 119 年，卫青、霍去病最后一次大规模出击匈奴，迫使其远遁之后，汉武帝南平南越、东征朝鲜，进行了一系列开疆拓土的努力。不过他对于北方的匈奴一直不敢掉以轻心，他的策略是孤立匈奴。他招揽辽东塞外的乌桓，驻在东北诸边郡的塞外地区以监视匈奴，又联络匈奴西边的乌孙以断其右臂，对于其余各国也都派使者前往笼络，每年出使西域的活动都在五六次以上，每次的使节都有近百人。这一连串的外交攻势确实令匈奴感到很大的威胁，经过将近二十年的休养，匈奴国力逐渐复原，又开始频频入侵。

汉朝在卫、霍两将军痛惩匈奴后，也实施了各种新的财经措施——盐铁公卖、均输、平准等，这些措施造成的结果就是仓库溢粮，“民不益赋而天下用饶”。

在这种情势下，双方再度爆发大规模战争已经是无法避免。太初元年，即公元前 104 年，汉武帝所筑的柏梁台遭天火，秋天又有蝗灾大起，从关东向西飞到敦煌，自然界似乎已经为这场战争揭开了序幕。

李陵案中第一个登场的是外戚军人李广利。之所以称李广利为外戚，是因为他的妹妹李夫人受到汉武帝的宠幸（在卫子夫及早死的王夫人之后），他还有一个弟弟，即李夫人的哥哥李延年，他是个音乐家。李家从父母到兄弟姐妹都是乐人，以唱歌跳舞为生。起初李延年因为犯罪受了腐刑在宫中养狗。最爱帮汉武帝介绍女人的平阳公主以“善舞”为名推荐李延年的妹妹入宫，后来李夫人果然得到宠爱，而李延年和李广利也逐渐受到汉武帝的宠幸。如此看来，李广利的出身背景与当年的卫青有些相像，不过他与卫青的军事才能相比可就差得远了。汉武帝一直想给李广利一个爵位，但是高祖有遗训“非有功不封侯”，无奈之下，汉武帝只好让李广利领兵作战，希望给他一个立功的机会。

李广利早年的事迹如今已不可考，他在正史中一出场就是个将军。他虽然没有故意加害李陵或司马迁，可是他的存在对李陵和司马迁的惨剧起到了至关重要的作用。

汉武帝封李广利为将军，并不是让他领兵攻打匈奴，而是让他攻打大宛。大宛是西域的一个国家，在今中亚一带。大宛对汉朝并没有什么威胁，只不过因为汉武帝听说大宛有好马，派人带了黄金希望能购买一些。大宛自恃离汉甚远，且中间隔着敦煌一带五谷不生的沙漠，汉军一定没办法攻过来，所以拒绝了汉武帝的要求。汉武帝大怒，决定以武力征服大宛。有曾经到过大宛的人说，大宛兵弱，汉军只需千余铁骑就可将其制服。汉武帝也认为大宛没有什么了不起，于是他想到了李广利，这么简单的任务他一定能够很顺利地完成。汉武帝心里也知道李广利能力有限，不敢只给他千余人，让他带领属国兵6000骑，于太初元年（前104年）出发。

李广利的大军还算比较顺利地通过了敦煌附近的沙漠，可是过了沙漠之后，沿途的小国不肯供应粮食，李广利率兵强取。攻得下城池就进城取粮，攻不下就掉头离开，一路打打停停，到达大宛东边的一座城池时，队伍只剩下一半多，又饿又累,攻打这座边境小城没有成功。李广利与副将商量，一个城池都打不下来,还怎么去打王都。人太少了,回去吧！结果，回到敦煌的士兵只剩下一两千人，他派人上书皇帝，说路途太远，缺粮食，人又少，希望重新来过。汉武帝听了，怒不可遏，派兵到敦煌与酒泉之间的玉门，将那群残兵败将拦了下来。李广利只好在敦煌待命。

这时已是太初二年（前103年）秋天,来回花了一整年，朝中公卿们都认为这是闹了大笑话，劝汉武帝算了，专心对付匈奴吧。汉武帝不死心,心想那个小国怎么可能就治不了，又发给李广利6万士兵、10万头牛、3万匹马，驴、骆驼等也以万计，所需装备一应俱全。这还不算，又加派了18万兵保卫酒泉，同时作为李广利的预备队。汉武帝听说大宛城中没有水井，只靠城外流入城内的河水，于是又加派了大量水工，以便将其城外的河引到别处，迫使大宛城内水道干涸，以便作为进攻的通道。汉武帝还另外派了两个擅长选马的人随军同行，准备攻下大宛后，选最好的马带回长安。

太初三年，即公元前102年，司马迁44岁时，李广利二度率军征大宛。这回出师他神气多了，沿途小国莫不开城迎接,自动献粮食。只有轮台（今新疆塔里木盆地北）不理，李广利下令攻城，城破后还残忍地屠城。

到大宛时，剩下的士兵只有 3 万人，围城 40 多天，最后大宛贵族杀了大宛王，出城投降，并答应国内的好马任汉军挑选。李广利答应罢兵。大宛将城中所有的马陈列在城外，由随汉军而来的选马专家挑选，最后选了好马数十匹，中等马三千多匹。大宛又供应粮食给汉军。李广利立了一位亲汉人士为王，并与之订立盟约然后东归。

第二年，李广利回国，他带回来的军队只有一万余人。这二度出征，军队不缺粮，真正战死的也不多，倒是李广利属下将吏贪渎，剥削士卒，任意打骂，士兵因而死去或逃走了大部分。这样一支军队回来了，汉武帝会作何感想呢？换了别人别说是功，不追究过失已经是法外开恩了，可是汉武帝却念其“为万里而伐，不录其过”，对他的过错根本没有计较,反而迫不及待地宣布他的“丰功伟绩”,封其为海西侯，食邑八千户。

李广利的两次伐大宛，费时三年，前后出动二十几万人，耗费金钱无数，为的只是几千匹马。这实在是有点讽刺。汉朝确实是需要好马，但因此而弄得境内不得安宁，付出这样大的代价就有点得不偿失了。唯一的解释就是汉武帝为了名正言顺地给这位受宠幸的外戚封侯，以贯彻他外戚领军的政策。不过李广利这样的外戚，注定不可能有当年卫、霍两位将军的成绩。

李广利回长安是春天的事情，这年冬天汉武帝行幸回中（今陕西陇县西北），司马迁可能也随行在侧。关于汉武帝刻意提拔李广利，他不只是耳闻目睹而已，太史令记事记言的工作，应该使他有更深入接触这件事的机会。富于正义感的司马迁恐怕早已对这种不公平觉得不满了。

另一方面，当李广利从大宛班师回朝时，李陵案的主角李陵也在这出悲剧中登场了。

李陵是谁？我们前面说过，他是李广的孙子，李敢的侄子。他生于公元前 134 年，比司马迁小 11 岁，而司马迁比汉武帝小 11 岁。李陵曾经是侍中建章监（建章是宫名），加了“侍中”的名号，即表示他可以出入宫内，经常在皇帝左右办事，与司马迁等于是同事。他“善骑射，爱人，谦让下士，甚得名誉”。汉武帝认为他很有乃祖李广之风，曾命他率领 800 骑，深入匈奴两千余里，虽没遇见匈奴军队，但他趁机会观察了沿途地形。回来后，汉武帝拜他为骑都尉，带兵五千，在酒泉、张掖等地练兵以备匈奴。

这之后几年，李广利伐大宛，汉武帝对李广利的出征实在是够操心，大军出发都已经几个月了，还命李陵率兵随后支援。结果行军到边塞，李陵得到汉武帝的命令，说李广利已经回国，他只好率 500 轻骑出敦煌前去迎接，然后继续留屯张掖。

李陵败降

李广利征大宛这件事，知道内情的人都觉得并不光彩，但终归也是一场胜仗，何况汉武帝给李广利提供的各种配备就已经够震慑西域的了，所以大宛破后，西域为之震惧。这年正好匈奴单于去世，新单于初立，汉武帝想要借破大宛的余威再发动对匈奴的战争。于是他找了一个借口，昔年高祖曾被匈奴围困，吕后曾被匈奴单于所辱，汉武帝表示要为祖先报仇。

这个宣告马上得到了匈奴的回应，单于初立，这时发生战事会对自己不利，于是他向汉朝表示愿意把手中扣留的汉使送还回国。第二年，即天汉元年（前 100 年），汉武帝派苏武等人带着被扣留在汉的匈奴使者，到匈奴与之交换，并送了大批礼物，以答谢其善意。可是匈奴的善意并不诚心，汉朝一客气，他反倒傲慢起来了。这时一位降匈奴的汉将虞常计划劫持单于的母亲，结果东窗事发。本来这事与苏武无关，但因为虞常曾把这个计划告诉过苏武的副手张胜，所以把苏武也牵连进去了。苏武自杀不成，被关在一个大窖里，好几天就靠饮雪充饥。匈奴把他送到贝加尔湖没有人迹的地方去牧羊，19 年后，苏武才得以返回故乡。

外交和解至此彻底破裂，汉武帝于天汉二年（前 99 年）命李广利以三万骑出酒泉击匈奴右贤王。匈奴的疆域分为中左右三部，所谓左右，是以匈奴面向南边为依据，东边为左，西边为右。中部由单于直接统辖，左部由左贤王及名衔带“左”字的属官（如左大将、左大都尉）统治，右部则由右贤王及名衔带“右”字的属官（如右大将、右大都尉）统治。

这时候的匈奴，由于早先受到汉武帝外交攻势的压迫，其左部由辽东一带西迁至内蒙东部；右部亦西迁，而与酒泉、敦煌相对，所以汉武帝命李广利出酒泉击右贤王。

与此同时还有给屯驻在张掖的李陵的命令，让他负责征匈奴大军的“辎重”，辎就是载衣物的车，重就是载武器装备，这等于是后勤支持的任务。李陵出身于军人世家，既然有李广之风，自然也遗传了其“自负其能”的个性。他在边地练兵多年，摩拳擦掌，一直没有机会好好表现一番。而这一年他已经 35 岁了，正是体力智慧各方面都处在巅峰状态的时候。前年要他去塞外迎接李广利“胜利”归来，这年又要他为这位平庸的将军做后勤工作，他如何能服气？

于是，出发前，汉武帝在未央宫武台殿召见李陵时，他叩头请求，说他的兵都是来自荆楚（两湖及四川东南、贵州东北一带）的勇士，多的是奇才剑客，力能扼虎，射必命中，希望能够自成一队，独当一面。他自请出奇兵攻击匈奴单于，分散其兵力，以配合李广利的主力军，达到牵制匈奴的作用。

汉武帝听了后说："为将的都讨厌隶属于他人，是吧？只是我出兵太多，恐怕分不出骑兵给你！"

李陵说："用不着骑兵，臣愿以少击众，只要步兵5000，就可以直捣匈奴单于的王庭！"

汉武帝觉得他很有气魄，就答应了他。同时命路博德带兵于中途接应李陵，可是路博德曾经是伏波将军，12年前平南越立了大功，这名老将怎么会愿意为后辈接应？

路博德越想越不甘心，就上书汉武帝，说目前是秋天，正是匈奴马肥兵壮的时候，不适宜开战，不如等到来年春天，由他和李陵从酒泉、张掖各带5000骑兵，合击东西匈奴，必可大获全胜。

汉武帝看到路博德的奏书非常生气，他怀疑这是李陵后悔之前的请战才要路博德写的。于是就命路博德立刻出兵西河（郡名，在鄂尔多斯高原东面，因在黄河之西而得名），说是匈奴可能会从西河入侵。同时命李陵九月间出发，出兵到今内蒙古库伦一带观察敌情，如果无所获，李陵就带兵回受降城休息。

受降城筑于太初元年，即公元前104年。筑这座城是因为当时的匈奴单于好杀伐，匈奴人不安，匈奴左大都尉派人向汉表示，想杀单于投降，但嫌汉太远，他说如果有军队去迎他，他就敢发动叛乱，汉武帝于是命公孙敖筑受降城以应之。受降城在居延（今内蒙古北部居延海附近）以北。

就在汉武帝因为自己的多疑而意气用事时，李陵率5000步兵出居延，行军30天，到库伦一带扎营，他把所经过的山川地形绘制成图，并派部下先回京城向汉武帝报告。汉武帝听说李陵很得人心，士兵都愿为他效死命，自然非常高兴，还重赏了前来报告的士兵。

不久后，李陵的军队遇上了匈奴单于。单于军大约3万人，是李陵军的6倍，而且都是骑兵。他们居高临下，在两山之间以大车为掩护，将李陵的军队包围起来。李陵见状，立刻集合部队，在营外摆出阵势，命持戟盾的站在前排，持弓弩的站在后排，下令“闻鼓声而纵，闻金声而止”。匈奴军看汉军人数不多，想以大吃小，都离开掩蔽物向李陵阵前冲来。李陵鸣鼓，千弩俱发，前面的匈奴军一个个应弦而倒，后面的见状纷纷退回山上。汉军乘机追击，杀数千人。单于大惊，又调来8万多骑加入战局。李陵一看情势不妙，开始边战边向南退。后来退到一处山谷中。

经过几天连续的战斗，中箭受伤的士兵越来越多，李陵只好让受三处伤的坐车子，受两处伤的扶着车子走，受一处伤的仍然持兵器作战。又过了四五天，李陵率军退到一个长有芦苇的湖沼地带，匈奴在上风处放火，李陵索性令兵士把旁边的草木先烧掉一片，免得匈奴放的火烧过来。

如此南行，又到了一座山下。匈奴单于在山上，命部下率军攻击李陵，汉军在树林中与匈奴搏斗，因为林中不适合骑兵作战，汉军占优势，又杀了数千人。李陵命人发连弩（可连续射箭的装备），单于被迫下山逃走。

这天，李陵抓到一名俘虏，据他说，单于怀疑李陵军是汉朝诱敌深入的诱饵，一路向南，单于担心会有埋伏，正在考虑退兵。但是匈奴的一些部落首领认为，单于亲率数万骑，如果打不过几千汉军，日后将如何指挥各部军队？那只会让汉人更看不起匈奴。他们建议利用山谷地形，和汉军决战。

单于的这种心理使得战事更加激烈起来，李陵的压力也就越来越大。匈奴军在数量上占有绝对优势，可以一天战数十回合，不过李陵的军队也一直顽强地战斗，又杀敌两千。匈奴觉得自己始终占不到便宜，准备撤兵。眼看着李陵的困境就要解决了，可惜司马迁说的“军亦有天幸”，李陵竟一点也没有得到，孤军深入而逢敌已经不幸，等到奋勇战敌并挫其志，马上可以胜利班师的时候，偏偏自己内部出了问题。

一位主管侦探敌情的军官因为被军中校尉折辱而投降匈奴，他把李陵军的实情告诉了单于，他说李陵根本没有后援，箭也快用完了。李陵和校尉韩延年各率800人为前锋，分别以黄白旗为帜，他建议单于派精骑射中李陵和韩延年，汉军必定可破。

单于得到这个情报，如获至宝。在没有后顾之忧并深知汉军底细的情况下，再度发动猛烈攻势，而且边战边指名大叫：“李陵、韩延年快来投降吧！”

李陵被困在山谷之中，匈奴在山上占尽地形优势，箭像雨一般从四面八方射过来，但李陵还是神勇地突围继续南下。

可是没突围出多远，箭用完了，人也只剩下三千多。他们弃了军车，持短刀且战且退。这一带，匈奴十分熟悉，李陵军在经过一个峡谷时，匈奴军绕道抄到李陵前面，从山上投下石块，李陵的士兵被打死不少，几乎无法前进。

黄昏后，李陵一人穿着便衣独步出营，交代左右的人不要跟随，说他要一个人把单于抓来。可是过了许久，李陵却垂头丧气地回来，叹息道："兵败，死矣！"

部下劝慰着说："将军威震匈奴，现在只不过是运气不好罢了。以后再想办法回去就是。当年的赵破奴战败后被匈奴所虏，后来逃回，皇上还不是对他很礼遇，何况是将军您呢？"

虽然没有明说，部下这是在劝他暂时先投降再做打算。李陵断然回答："不要说了，我不死就不是壮士！"

李陵当下把所有的旌旗折断，连同随军所带的贵重东西全部埋到地下，然后感慨地叹道："只要再得几十支箭就足够我们突围，可惜我们现在一支箭也没有！天亮之后，恐怕只有束手待毙了！我看现在大家不如作鸟兽散，能逃出去的，还可以回去向皇上报信。"于是他发给每个士兵一些干粮，要他们带一大块冰，以备饥渴，并约定如果逃出去在受降城会合。

夜半时分，李陵准备率军突围。鸣鼓时，鼓却不响，这似乎不是好兆头。李陵和韩延年上马，后面跟随着仅剩的五百多人。刚刚突围就有数千匈奴骑兵追赶而来。没多久韩延年战死。李陵叹一声“没脸见天子”，只好投降。

主将被擒，匈奴大概也没有再彻底搜寻残兵，因此有四百多人逃回了边塞。

这就是李陵投降匈奴的经过，我们暂且不说这件事发生后，司马迁在汉武帝面前为李陵辩解及因此而遭受酷刑的悲惨境遇。我们先就客观立场分析一下造成李陵投降匈奴这个结果的原因。

有人说李陵之所以兵败被俘，是因为他的个人英雄主义，只以 5000 步兵孤军深入，犯了兵法上“轻兵逐利”的毛病。又说在沙漠中作战，竟以步兵对骑兵，肯定会吃亏，李陵出身将门而明知故犯，当然要败。

这个说法不能说一点道理没有，但是攻打匈奴不是李陵的家事，而是整个汉朝的一件大事，持这种观点的人不免求全责备，大大地冤枉了李陵。不错，“五千步兵”“孤军深入”都是李陵自己惹的，他为什么要惹这个麻烦、冒这个险？说他是个人英雄主义，也没错，他是不甘做李广利的副手。可是站在李陵的角度，他一个有志向有才能的名将之后，又凭什么屈居李广利这样蹩脚的将军之下？！

李陵之所以会从“愿自当一队”变成“五千步兵”，是因为汉武帝表示“出兵太多，无骑兵可派”，李陵何尝不知道对付匈奴自然是骑兵最合适。如果一听汉武帝说没有骑兵就退却，那岂是李广之孙所为？！只怕祖父在九泉之下也要气得不能瞑目。

汉武帝的“出兵太多，无骑兵可派”，是不是属实呢？这一年是天汉二年，即公元前99年，这时候的汉朝当然无法像20年前那样，“大将军青、骠骑将军去病各将五万骑，私负从马（私人自行装备，非政府发的）复四万匹，步兵转者踵军后又数十万人”，可是也不至于派了三万骑兵给李广利做主力，就派不出骑兵奇袭了吧。

这件事发生在秋天，而天汉四年（前97年）春，也就是只隔一年多一点的时间，汉武帝又出兵匈奴，共派出七八万骑兵，难道多出来的四五万都是在这一年之内突然冒出来的？可见汉武帝说发不出骑兵并不是实话，何况李陵自负其能，要求不会多，而且既然言明是出奇兵，只求牵制对方，也不可能要太多，分明是汉武帝故意不给。

当李陵的豪言壮语获得了汉武帝的赞许，而赋予他任务时，汉武帝还知道要路博德在中途接应李陵，后来因为路博德不愿意，上奏书而引起汉武帝的误会，汉武帝竟马上把路博德调到距离李陵预定回军路线很远的地方，仍然要李陵孤军深入敌境。汉武帝在误会、盛怒之下，撤销了所有的后援部署，根本就是要李陵“好看”——你说你行，我倒要看看你有多行！这并非没有可能。从汉武帝的性格来分析，他做得出来这样的事。

《汉书》中叙述完李陵败降后，记载了当时汉朝内部的情形，李陵兵败处，距边塞百余里，边塞把这消息向汉武帝报告。汉武帝听了，心里希望李陵能够死战，但又不知李陵会不会战死，就把他的母亲和妻子召来，叫算命的为她们看相，算命的说看不出有“死丧”之色。后来果然传来李陵投降的消息，汉武帝甚怒，就责问之前前来报信的士兵，士兵惊吓之后自杀了。从这段记载中可以看出李陵败降之前，汉武帝就已经知道他一定会陷入苦战，也知道战场离塞外只有一百多里，一百多里对骑兵来说只能算是短距离作战。可是他不但没有马上派兵驰援，反而有闲工夫叫算命的来看看李陵会不会死，这种一开始就预备他死，最后又巴不得他战死的“死亡任务”，李陵实在无法一路英雄到底。

前面我们说过，在一种偏差的地域观念下，关西军人的一生大都以悲剧收场。在这个悲剧中，皇帝可以为了捧一个外戚，花一年多的时间为他筹集出征所需的“行头”，弄得天下骚动；败军回来也只是不许入关，然后又让他风风光光再度出征；出征时早就有十几万部队放在边地为他做预备队；出征后，都已经快回到国门了，还要派兵出去支援。可是却不肯为一个关西名将之后发骑兵、嘱后援，或死或降，李陵无论怎样选择都注定是一个悲剧。

汉武帝真是这样逼得李陵兵败异域吗？《汉书》记道：“久之，上悔陵无救。”“悔”指该做而没做所造成的懊恼。汉武帝后悔当时没有派兵救援李陵！但是这个后悔根本无济于事，汉武帝的多疑使这个悲剧愈演愈烈，最后李陵流落北地，永不复为汉人。而在这个后悔之前，汉武帝还因为同一件事制造了另一个悲剧人物，那就是我们的主人公司马迁。

飞来横祸

作为一个史官，司马迁对任何事情，都会很传统、很职业性地保持冷静、客观的态度。他在皇帝身边，亲眼看到李陵未败前，士兵回来报军情及最初传来捷报时，朝中公卿王侯的一片奉承歌颂之声。等到李陵投降的消息传来，汉武帝一怒，他们就开始一个个怪罪李陵的不是，没有一个人敢挺身而出，为李陵说几句公道话。

富于正义感的司马迁对这种冷暖不同的场面感到极端的不满。

司马迁和李陵的关系，前面我们提到过一点，两人算是同事，李陵的祖父李广及叔父李敢，在司马迁担任郎中令时可能是他的上司。司马迁应该对李氏三代都很熟悉，但两个人可能并没有多么深入的交往。司马迁说，他和李陵性情志趣并不相同，从来也没有把酒言欢过，“素非相善也”。只是李陵的浪漫作风应该是司马迁一直心向往之的。他们之所以不熟，除了性情志趣不同之外，大概李陵也像李广一样“悛悛如鄙人，口不能道辞”，不善于交际吧。

这种微妙的情感，继之以冷静的观察，关于李陵败降案，司马迁认为，一个做臣子的能够不顾自己的一生之计，而赴公家之难，这已经是很不寻常了。现在因为某件事情一时不当，那些只顾自己的公卿大臣就马上毫不留情地加以批驳构陷，司马迁觉得非常痛心。

李陵只不过带了 5000 步兵，就敢深入戎马之地，足踏匈奴王庭之所在，这好比是将自己当饵送入虎口一般，如此危险，但他却能和多出好几倍的强敌连战十几天，杀敌数千。匈奴的部落首领都为之震动，聚集所有骑兵，倾举国之力围攻李陵。李陵转战千里，战到箭已用完，路已不通，可是仍未见一兵一卒的救援，士卒们虽然负伤呻吟，只要李陵高声一呼，他们无不奋起继续抗敌，泪水和着血水，张着空弦，冒着白刃，和敌人死拼。

在司马迁的印象中，李陵事亲至孝，与人交往讲究信实，在取予财物时都合乎正义，对人有礼貌，而且恭俭谦让。常想奋不顾身以赴国家之急，这样一个人竟落得如此下场！

司马迁古道热肠，实在按捺不住想为李陵说几句话。可是太史令官职不高，满朝文武鸦雀无声，哪有他发言的余地？司马迁眼见汉武帝自李陵败降的消息传回来后，“食不甘味，听朝不怡”，实在于心不忍。他认为自己如果说明了李陵的为人，除了可以为李陵洗清冤屈，也可以宽慰汉武帝的心。

终于机会来了，可能因为司马迁是近臣的关系，汉武帝“习惯”主动询问他的意见。他抓住机会对汉武帝说：李陵素来与士大夫交往，遇有好东西绝不争先，要分东西也绝对分得比别人少，像他这样的人．才会有人愿意为之效命，古时候的名将也不过如此了。再说李陵也并不是真的投降，观其意，一定是想等待适当的时机，将功补过。现在，他败降于匈奴是无可奈何的事，但话说回来，他重创敌人的战果，也足以表彰于天下了。

本来，司马迁准备好了很充分的说辞，想把事情的可能真相一一加以分析，尽量排解汉武帝心中的郁结。谁知他刚开始表示对李陵的同情，汉武帝就为之震怒。

这次对匈奴战争以李广利为主力，李陵的任务是牵制兵力。李广利率兵出酒泉，击右贤王于天山（今新疆吐鲁番或哈密一带），斩虏万余人，战绩不错，可是回程时却被匈奴包围，好几天没有粮食，死伤甚多，后来还是赵充国带壮士百余人英勇突围，李广利才率兵跟着逃出来，当初的三万骑回来时只剩下三四成了。与李广利相比，李陵以区区五千步兵，深入敌境，与单于相抗衡，斩敌数千，这战果显然在李广利之上。

李陵与李广利的对比，天下人都看在眼里，汉武帝之前关于军队配备和有关部署方面的安排尤疑与这种对比形成了巨大的讽刺。汉武帝可能有点心虚了，不然不会司马迁一为李陵求情，他就恼羞成怒。汉武帝甚至没听司马迁讲完那一番话，就下令将他交给理官（狱官）审理。

于是，司马迁下狱了！这时是天汉三年，即公元前 98 年，李陵败降匈奴发生在前一年的冬天。

不久，如前所述，汉武帝经过一段时间的冷静思考之后，醒悟到李陵之所以战败军没是因为没有后援的缘故，他也终于在心里承认是自己当初的安排有些失当。汉武帝派遣特使去慰劳了李陵军最后逃回边塞的 400 名士兵。

不过，司马迁的“罪嫌”并没有因此而消失，他仍在狱中等待着判决。汉朝有不少酷吏，尤其汉武帝时，借重法家开源，严厉控制人民以防叛乱。酷吏们在汉武帝的支持下，往往滥杀无辜、逮捕平民，一杀就是几百人，甚至一次诛灭千余家，有时候朝中大臣也难逃毒手。在这种情况下，不论司马迁被关在哪个监狱，他的处境都十分凄惨。怪不得他在《报任安书》中提到狱吏时说：“见狱吏则头抢地，视徒隶（狱卒）则心惕息（害怕喘息）。”实在令人不忍！

本来，汉武帝已经认识到了自己的错误，李陵和司马迁应该很快就可以平反昭雪。可是很不幸，第二年又发生了一个天大的误会，这个误会使得司马迁和李陵的命运急转直下。天汉四年，即公元前 97 年，春天，汉武帝命公孙敖率军深入匈奴，迎接李陵归国，显然汉武帝此时对李陵已完全改变了态度，司马迁迟迟未被定罪与汉武帝的这种转变也有关系。这个行动如果成功，对司马迁的判决也会产生良好的影响。可惜，公孙敖无功而返，还带回了一个致命的消息，说他从捕得的俘虏口中得知，李陵正在为匈奴练兵。

这个消息将汉武帝气得头昏眼花，他在暴怒之下抄了李陵的家，将其母弟妻子全部诛杀。司马迁随后被判为“诬罔”之罪，所谓“诬”就是无中生有；“罔”，就是欺。“诬罔”也就是欺君之罪。司马迁为李陵辩解时说李陵之降是想等机会建功，可是公孙敖带回的消息全然不是那么回事，汉武帝新“恨”旧“怒”一齐迸发，就判了司马迁欺君之罪。按照汉朝法律，诬罔是死罪。

那么李陵到底有没有为匈奴练兵呢？事情的真相在几个月后才被弄明白。在匈奴，李陵痛苦而困惑地询问一位汉使者：“我为汉率步兵五千，横行于匈奴，以无援而败，我何负于汉？为什么被满门抄斩！”

使者把原委告诉他，李陵这才恍然大悟，原来他又被误会了，为匈奴练兵的不是他，而是另一个叫李绪的汉朝降将。一字之差，使李陵遭受了人间最悲惨的境遇！他愤怒地派人把李绪杀了，但当时李绪在匈奴地位很高，单于的母亲听说李绪被李陵派人所杀，就想逮捕李陵。幸好单于惜才，把李陵藏到了北方，后来单于的母亲去世，李陵才又回到单于王庭。单于对李陵甚为礼遇，把女儿嫁给他，立为右校王。从此，李陵断了归汉之心，胡服胡语，永为异域之人。他恨汉朝斩其满门，他说：“老母已死，虽欲报恩将安归？！”

这个真相传回汉朝时，已经60岁的汉武帝发觉自己又错了。

这年秋天，朝廷公布了一条法令：“令死罪人赎钱五十万，减死一等。”

汉武帝的那批财经专家为了加强国家的财政收入，搞出一些卖官鬻爵、捐钱赎罪之类的措施，本不足为奇，只是这命令公布的时间有些巧合，难道是为了司马迁而设的？有研究者认为很有可能。

50万钱究竟是多少？大概相当于现在的5斤黄金。这是一笔不小的数目，何况司马迁和父亲司马谈一直在太史令任上，俸禄有限，并没有积攒下什么财富。转向亲戚朋友求援，结果竟是“交游莫救”“左右亲近不为壹言”，谁敢为一个因触怒皇帝而被判刑的罪犯出钱出力？谁又敢保证帮了他的忙以后，不会惹祸上身？

这条法令看似给了司马迁一线生机，其实对他根本没什么用。摆在司马迁面前的只有三条路：一是自杀以免受辱；二是接受死刑；第三个是仅存的最后一条生路——受腐刑以免死。这条法令最早见于50年前的汉景帝时代，汉武帝时仍沿用。

腐刑

腐刑就是男人去势的宫刑，男人去势后，无法再生育，有如腐木不再生果实，所以称之为腐刑。谈到腐刑就会让人联想起宦官。其实在司马迁以前的朝代，受腐刑及做宦官并没有后世那样受人歧视。

据说最早时，常有一些俘虏或因罪被罚的贵族因为聪明或有技艺，在受了腐刑之后，为贵族们服事执役，其地位甚至在一般农牧工商的平民之上。

秦朝时，宦官赵高为郎中令，且担任秦二世之师。司马迁的时代距秦不远，稍早的吕后曾封宦者为侯，而且汉的政治组织中行政性质与宫廷服务性质并存，还保留不少“家臣”的遗风，政府组织尚未成熟到与宫廷截然分开，因此宦官还没被皇帝提升到“内廷”的控制集团，而与宰相领导的“外廷”相对抗，后世所见的宦官恶劣形象也还没有形成的条件。因此，受腐刑虽然难免会遭到讥笑，但还不至于如我们后世想得那么严重。

不过司马迁毕竟是个知识分子，与一般平民的想法有所不同，他认为人有十等：第一等的不辱及祖先，次一等的本身不受辱，再次一等的脸面不受辱，再次一等的言辞不受辱，再次一等的躯体不受辱……而最下等的就是受腐刑。“行莫丑于辱先，诟莫大于宫刑”，他认为这是奇耻大辱。他甚至举出三个历史上受腐刑而被歧视的例子，然后说：“夫以中材之人，事有关于宦竖，莫不伤气，而况慷慨之士乎！”

司马迁以“慷慨之士”自居，视腐刑为无以复加之耻，于是摆在面前的三条路中，似乎只剩下自杀免受辱这一条了。可是，他反问自己，能就这样死掉吗？如此一问，那就不是受死刑还是自杀了，而是生与死的抉择，“人固有一死，死有重于泰山，或轻于鸿毛，用之所趋异也”。

慷慨就死诚然痛快，可是自己长久以来所抱持的理想就要随着生命的消逝而变成泡影。父亲临终时所说的“废天下之史文，余甚惧焉，汝其念哉”犹在耳际，当时自己“俯首流涕”地答应了父亲，那幅情景历历在目。父亲死后，自己“紬史记石室金匮之书”，从青年时期游历天下，又随汉武帝巡游名山大川，访问故迹遗老，那些论著构思已跃然笔墨之间。如果逞一时之快，贸然就死，那些东西岂不成了未完成的“断”简“残”篇？

想到这些，司马迁经过激烈的思想斗争之后毅然决定求生，他要留下这条命，为了对父亲的承诺，及自己的未竟之志活下去。他向狱官请求接受腐刑以免死。在天汉四年与太始元年（前 97—前 96 年）间下了“蚕室”——因为受腐刑的人怕风，需要暖气，所以作暗室蓄火，有如养蚕之室，故称之为“蚕室”。

在旁人看来，这本是求生意志作用下的一种自然反应，无足为奇，但司马迁心中的郁闷和苦衷真的不是旁人可以了解的。

受刑后的司马迁“肠一日而九回，居则忽忽若有所亡，出则不知其所往”，恍恍惚惚不可终日。只因为多说了几句话而遭此横祸，亲戚和乡人耻笑他，说他污辱了祖先。司马迁自己也觉得愧对死去的父母，“亦何面目复上父母之丘墓乎？”每念及此，就“汗未尝不发背沾衣也！”这种痛苦的心情直到五六年后，在他写给朋友任安的信中，才得到尽情的发泄。

受了腐刑之后，司马迁就不宜再担任太史令了，因为那是与宗庙祭祀有关的官，身体“残缺”的人不宜任职。而汉武帝这边，李陵案已经过去，他心里明白李陵最后叛汉是被他几次误会逼的，这件事实在没有再追究下去的必要。他对司马迁也有一丝歉疚，于是又将司马迁从狱中调回自己身边工作。

宦官的得权一般都认为是自汉武帝这里开始的，他晚年多在后宫决事，身边自然形成了一个在宫内作为皇帝统治工具的集团，也就是内廷，不过那时候，还没到宦官一手包办的局面。汉武帝晚年既然喜欢在后宫“遥控”政府，那么原来掌管“出纳王命”（管理大臣所呈奏书，及皇帝判行命令的下发）秘书工作的尚书就有机会在中间掌握权力。

尚书的主管叫作尚书令，本来是由士人担任的，后来有时也由宦官担任，就改称为“中书谒者令”，又称中书令。不管是尚书、中书或其他秘书性质的宫廷职位，都是因为皇帝在后宫逐渐给予权力，等到权力和业务范围膨胀到与行政机关相同，甚至比行政机构还要大以后，就被推出内廷到外廷,成为正式的行政机构。皇帝在宫内则另外建立内廷系统，后世行政系统的尚书、中书就是这样形成的。

司马迁被任命的新职务就是中书令，中书令的俸禄比太史令高，等于是皇帝的秘书长。《汉书·司马迁传》中说他受刑之后“尊宠任职”。与后世担任这种职务的宦官相比，司马迁必定是一个安分守己的秘书长，撇开他本身的因素不谈，汉武帝那样独断专行的个性又怎么可能给他掌权的机会？《晋书》中说：“尚书本汉承秦置，及武帝游宴后庭，始用宦者主中书，以司马迁为之中间，遂罢其官，以为中书之职。”有人不同意这种说法，研究者一再强调司马迁不是宦官，不能将其作为“宦者主中书”的开始。可是既然尚书令因为改由宦官担任才改称为中书令，那么在汉武帝眼中，司马迁已经算是宦官了，不过这中间还有不少疑问存在。总之，司马迁受腐刑后，常常与宦官接触、共事，但后世实在不愿把他归入宦官之流。

自从太初元年，即公元前 104 年，司马迁执笔写《史记》以来，到李陵案发生而被下狱，这期间过了七年。接着在狱中的两三年，据说司马迁并没有停止创作，不过他的心境已经发生了彻底的变化，一直到《史记》完成为止，李陵案的余响都可以在其中找到痕迹。司马迁所受的创伤也可以从中看到相当程度的反映。

一生终结

巫蛊之祸

司马迁被任命为中书令后，我们几乎看不到有关他生平的记载了。除了汉武帝继续进行的巡游活动，他可能随行圣驾之外，我们只看到一件关于司马迁的事情，那就是他在大概 55 岁的时候写给朋友的一封信。这封信读来荡气回肠，极为感人，千古以来为人们所传颂，是研究司马迁不可或缺的史料。信中有关他自请腐刑以求活着的动机的表白及受刑后的心情描绘，尤其可贵。

现代办报，讲究“报人不上报”。其实司马迁写史的活动本质上有点像记者，他可能也抱着“史家不上史”的想法，关于他自己的事迹，《史记》中没有详细的记载，仅留下了一点蛛丝马迹。这封信的内容在前面已引用过多次，即《报任安书》，录在《汉书·司马迁传》中，后来《昭明文选》也把它选了进去，不过具体字词有点出入。我们现在要了解的是司马迁写这封信的背景，以及他在信中所做的表白。

《报任安书》的背景简单点说就是巫蛊之祸。巫即巫祝，自称能与神相通的为人祈祷者。蛊的本意是蛊毒，造

韩城司马迁祠中的司马迁墓

蛊之法是把百虫放在一个器皿中，让他们相食相哄，最后战胜百虫而独存者就是蛊。如果把蛊放在食物中，会使人昏狂失志，所以引申为“惑”的意思。巫者以巫术害人也叫蛊，巫蛊之祸的巫蛊，指的就是这种意思。古代巫术比较普遍的方法是埋木偶祭祀之，诅咒所恨之人，使被诅咒的人倒霉，所以巫蛊也指埋木偶。这种巫术由来已久，由此而获罪被诛杀的事情时有所闻，不过汉武帝时这种事情比较多，因为汉武帝最信鬼神，方士神巫之流大行其道，巫蛊害人之术自然也兴盛起来。

史上所称的巫蛊之祸，一般指发生在征和二年，即公元前 91 年的这次皇室悲剧。早在公元前 130 年，即司马迁 16 岁那年，汉武帝的后宫之中就曾发生过陈皇后因巫蛊被废的案件,牵连三百多人。而征和二年这次,死者前后将近 20 万，被害的主要人物是太子刘据和其母卫子夫。

这个悲剧发生的原因大概有三点：

第一，事件发生前三年，即公元前 94 年，钩弋夫人生皇子弗陵。钩弋夫人是汉武帝晚年的宠妃，刘弗陵就是后来的汉昭帝。刘弗陵被孕育 14 个月后才出生，汉武帝听说尧也是 14 个月才出生，于是就命其诞生的地方为“尧母门”。这个举动使一些臣子敏感地察觉到汉武帝极疼爱这个幼子，可能会传位给他，于是萌生了危害太子刘据和卫皇后的念头。

第二，汉武帝经常给太子刘据参与决事的“实习”机会，父子两人的性格、作风完全不同。汉武帝严苛，而太子刘据宽厚。因此，群臣凡主宽厚者多依附于太子，而秉汉武帝之意、实际执法的大臣都诽谤太子。自从卫青去世后，卫皇后母子失去了有力的依靠，那些反太子的人士纷起加害之心。

第三，当时有一个专门为汉武帝监视贵戚近臣的特务，名字叫江充，极受汉武帝的宠爱。他与太子刘据有嫌隙，这时候汉武帝已经六十多岁了，恐怕即将不久于人世，要是由太子刘据继位，一定会对他不利，所以江充时时等待机会要加害太子。

在这三种情况下，太子刘据的处境实在是非常危险。只要一个不小心，他就有可能从东宫的那把椅子上摔下来，甚至死无葬身之地。这时候的汉武帝越发喜欢求神仙了，一些方士女巫齐聚长安，邪道惑众。后宫本来就是个充满了争宠妒忌的地方，女巫们很自然地被引入宫中，替那些美人后妃行巫蛊之术。演变到后来，就常有人到汉武帝面前告密，说某人诅咒皇帝，汉武帝大怒，诛杀了涉嫌的数百人。但也从此疑神疑鬼，有一次他白天睡觉时梦见数千个木人持杖来攻击他，醒后感觉身体不适，整天恍恍惚惚，日益健忘。

江充敏锐地察觉到这是天赐良机，就向汉武帝说他的病完全是巫蛊作祟。汉武帝派他为使者，专门惩治为蛊者。这种事情要嫁祸于人实在是太简单了，在谁家挖到木偶，谁就是为蛊者，反正根本没有方法鉴定木偶究竟是否是涉嫌者所埋。因此，只要有办法把木偶埋到预定的地方，要害谁就可以害谁。江充先到民间调查了一番，杀了数万人，然后又回过头来，把矛头直指宫中。结果很"准确"地在太子宫中挖到了大批木偶，江充说："太子宫中得木偶最多，又有帛书，所言皆不道，当奏闻皇上！"太子最初仍保持镇定，因为他根本没有加害自己父亲的理由，自信稍加解释就可以脱罪。可是后来因为始终无法与在甘泉养病的汉武帝取得联系，太子觉得可疑，想亲自前往，又被江充逼得走投无路，最后只好听从少傅（太子的老师）的建议，派人伪装为皇帝使者，搜捕江充，宣布汉武帝卧病甘泉，江充谋反而发兵镇压，并亲自监斩江充。汉武帝在甘泉误信了江充同党的报告，以为太子谋反，于是命丞相发兵与太子交战，双方军队在城中混战五日，死者数万人，血流成河，非常惨烈。最后太子兵败，与卫皇后皆自杀而死。

《报任安书》

司马迁的朋友任安，字少卿，早年在大将军卫青门下。当年霍去病荣宠日盛，逐渐有凌驾卫青之势时，卫青的故人、门下多转事霍去病，并因而获得官爵，只有任安不肯，仍然效命于卫青。

在巫蛊之祸中，任安担任护北军使者，握有兵权，太子派人持节到他那里要求发兵助战，他受了节，但仍闭城门，不肯接应太子。

事平后，汉武帝赏赐了那些与太子交战的人，把跟随太子和为太子助战的人都治以重罪。关于任安，汉武帝对他的做法不置可否，好在并没有责怪。巫蛊之祸和之前的李陵案其实差不多，汉武帝也是在盛怒之下，不调查取证就贸然行杀戮。后来这件事的真相被披露出来，有人告诉汉武帝，太子在“进则不得见上，退则困于乱臣”的情形下，不得已才“子盗父兵”，其实并无邪心。至此，汉武帝又认识到自己冤枉了太子。于是，先前所做的处置又要反攻倒算，变成与太子交战、反太子的人全部有罪。江充虽死，仍被诛灭三族，领兵与太子作战的丞相被腰斩，汉武帝还建了一座“思子宫”以示对其怜惜。这都是后话，汉武帝对太子态度转变之初，想起了任安的做法，他认为任安是个典型的老油条，坐持两端，看谁胜就依附谁，是真正怀有二心的人。于是决定将其处以死刑。

任安认为自己是冤枉的，即便无功，也不致有过。在那种乱糟糟的局面中，太子仓促起兵，又没有皇帝的确实消息，他以不变应万变有何不可？

征和二年（前91年）冬，任安在狱中待刑时，写信给司马迁，请他设法援救。

司马迁接到这封信时，可以想见，他的心里是相当为难的，他了解汉武帝，自己的遭遇就是汉武帝盛怒之下的结果，他实在不愿意再遭到第二个李陵之祸。论交情，李陵与他“素非相善”，而任安则是老朋友，双方彼此很熟悉。司马迁也非常明白汉武帝一心为太子报仇，任安的死刑绝无平反的可能。他不是见死不救，而是真的无力救之，他要把自己的苦衷向老朋友说明，并请求他的谅解。于是，在征和二年十一月，55岁的司马迁写了一封长信给任安。

信的开头，他自称“太史公牛马走司马迁”，太史公指他父亲司马谈，“走”是“仆”的意思，即为太史公司马谈掌管牛马的仆人司马迁。这个谦称已经告诉世人，现在还活着的司马迁完全是为了完成父亲遗命而苟活，这是他的隐衷。

信的内容大部分都是讲自己遭遇的飞来横祸，以及之后受刑、忍辱的经过和体验，前面我们已经引用过很多其中的句子了。他对自己不选择痛快就死，而是苟活于世，是这样解释的:第一,如果当时就死去,那么他的死“若九牛亡一毛”,而且还会被认为是罪有应得。第二，他还没有完成父亲的遗命，当时死了，九泉之下有什么面目去见父亲呢？第三，父亲临终时深以“天下之史文”废而感到忧惧，所以他的遗命不是私人的事情，而是对整个民族文化都有益处的，那么更不能因为自己一人的荣辱而轻易放弃。

他要完成《史记》,以此来完成父亲的遗命,并且要因《史记》而立名，因立名而洗刷受腐刑的耻辱。父亲的遗命是司马迁受腐刑后的余生中赖以生存的精神支柱，而这个支柱落到实处就是全神贯注地去完成《史记》。这也等于告诉任安:现在的我，已不是单纯的我，我的生命就是《史记》的生命，我的一切就是《史记》的一切，二者已经合为一体。身为朋友，我可以为你而死，但是《史记》却不能为你而牺牲。

任安终于被腰斩了，司马迁也在感叹中度完他的余生。前有李陵，后有任安，巧合的是这两人的字都是少卿。他们在司马迁的生命中激起了巨大的涟漪,前者是狂风暴雨式的,后者只是前者的余波。

谜一样的逝去

写完《报任安书》后不久,司马迁完成了《史记》。然后,我们在史书中再也找不到他的痕迹了,我们不知道他是在什么时候,什么地方,以什么方式离开了这个世界。也许,《史记》既然已经完成,他的有形生命也就无关紧要了吧。或许正是因为这样,所以他急着去向父亲报命——他“提前”离开了。总之,公元前 91 年之后的司马迁,我们一无所知。

那位几乎与他的生命相始终的汉武帝在公元前 87 年崩逝,享年 70 岁。临终以前,他做了一个极为理智的决定和安排。他自责从即位以来,果于杀伐,使天下愁苦,他非常后悔,下诏宣布“自今,事有伤害百姓,靡费天下者,悉罢之”。求神仙的把戏,他也玩腻了,他把方士全部遣散。汉武帝立钩弋夫人所生的弗陵为太子,但事先赐死了钩弋夫人,以免主少母壮,重蹈吕后时的覆辙。这样的做法不免有些残忍,不过倒是汉武帝这一生中比较有道理的一次残忍。

司马迁恨汉武帝吗?答案应该是肯定的。不过,他能化悲愤为力量,他在《史记·太史公自序》中,先是高呼受刑后“身毁不用矣”，然后列举周文王、孔子、屈原、左丘、孙膑、吕不韦、韩非等人的例子，认为他们的著述成就都是“意有所郁结，不得通其道也，故述往事，思来者”，也就是由苦闷发泄出来的力量所致。又说《诗经》三百篇“大抵贤圣发愤之所为作也”。

司马迁雕像

那么，司马迁有没有因而诽谤汉武帝、诽谤汉朝呢？所谓诽谤是实无此事，而加以捏造诬陷他人。就这个定义来看，司马迁并没有这个嫌疑。只是，他的愤恨使他对事物的立场和见解以及那些隐于文字之间的评论难免加上个人情绪化的色彩。

无论怎么说，《史记》都是一部不朽的著作，历时14年将其创作出来的司马迁也将永垂青史。